다문화 사회와 상호문화경영

Le Management Interculturel

다문화 사회와 상호문화경영

Le Management Interculturel

실비 슈브리에(Sylvie Chevrier) 지음 / **서영지** 옮김

역자 서문

　세계화의 파고 속에서 이민과 이주가 급증하고 있으며, 낯선 이들과 더불어 살아가는 것은 피할 수 없는 현대 사회의 징표이다. 오랫동안 단일민족국가로 알려진 한국에서도 예외는 아니다. 최근 통계자료(2018년 12월 31일)에 따르면, 국내에 거주하는 이주 외국인은 230만 명을 기록했고, 이는 전체 인구의 5%나 차지하는 상당한 수치이다. 다문화사회라는 용어는 더는 낯설지 않은 일상이 되었다. 이처럼 다문화사회로 변화하는 현상은 국내외적으로 빈번한 문화 간 교류를 불러왔고, 여기에서 빚어지는 문화 간 오해와 갈등은 외교, 기업성과 및 관계 형성 등에서 적지 않은 문제를 초래하고 있다. 일례로 한국 경제에 큰 몫을 하고 있는 외국인 노동자 수는 지속적으로 증가하고 있지만, 내국인과 그들 사이에서 빚어지는 불평등과 차별은 갈수록 심화되고 있으며, 해외 파견 근무를 하고 있는 국외 거주자의 경우도 예외는 아니다.

　직무성과와 이윤 창출이 요구되는 기업의 경우, 서로 다른 사회, 다른 문화 그리고 다른 경제적 배경에서 온 사람들과 관계를 맺고 효과적으로 업무를 처리하는 것은 글로벌 기업의 성패를 좌우하는 핵심이라 할 수 있다. 한국보다 먼저 다문화를 경험한 유럽은 문화 다양성을 관리하는 방법론적 대안으로 상호문화교육을 주창하였고, 이는 경영, 교육, 문화 등 사회 전반으로 확산되어 시행 중이다. 요컨대 유럽연합, 유럽평의회, OECD는 21세기를 살아가는 현대인이 꼭 갖추어야 할 핵심역량으로 상호문화역량을 권고하고, 2008년을 '유럽 상호대화의 해'로 지정한 이후, 상호문화백서, 상호문화도시, 상호문화교육과 관련한 다양한 활동을 펼치고 있다.

역자는 외국어 문화 교육에서 상호문화와 관련된 주제로 박사학위 논문을 완성한 후 좀 더 폭넓은 분야의 연구를 구상하던 중에 이 책을 접하게 되었다. 상호문화가 교육뿐만 아니라 경영, 보건, 의료, 정치, 사회 분야에서 필요조건이라는 점에서 볼 때 경영에서 상호문화의 이해는 현대 사회를 살아가는 우리에게 꼭 필요한 대안이라 할 수 있다. 실제로 한국은 저출산, 노동인구 부족 등으로 인구 감소를 체감하고 있고, 지금의 추세대로 간다면 2050년에는 이주 노동자 수가 총인구의 35%에 달할 것으로 예상한다. 이제 낯선 타인과 조화로운 공존은 선택이 아니라 필수가 된 것이나.

이 책은 먼저 문화와 관련된 다양한 개념과 경영에 있어서의 문화의 중요성을 다양한 각도로 조망해본 후, 이 분야의 선구자이자 전문가들의 이론을 토대로 상호문화경영의 발전 과정을 소개한다. 다음으로는 프랑스 학자인 필리프 디리반(Ph. d'Iribarne)의 해석적 접근을 소개함으로써 오늘날 이 분야에서 주목받고 있는 가치의 체계적 비교를 면밀히 살펴보고 있다. 그의 연구는 국내에서 자세히 소개된 적이 없으므로 이 분야에 관심을 가진 분들에게는 유익한 자료가 될 수 있을 것이다. 끝으로 상호문화적 경영의 실행 및 다문화 선진국의 구체적 적용 사례를 통한 현실적인 적용 방안을 소개하고 있다.

아무쪼록 이 작은 책이 경영 문제에 관심이 있는 기업가, 경영인, 교수, 연구원, 학생들에게 상호문화적 경영을 널리 알리는 유용한 지침서가 될 수 있기를 희망한다.

2019년 8월

서영지

차 례

역자 서문 ___ 4

들어가기 ___ 11

제1장 문화의 개념 ___ 17

1. 문화 개념의 발전 ································· 20
2. 문화라는 개념을 둘러싼 논쟁들 ················ 27
   보편적인 것과 특수한 것 ····················· 27
   타당한 분석 영역 ···························· 29
   한 문화의 지속과 변화 ······················ 35
3. 문화 영역 ································· 38
4. 오늘날의 논쟁 ····························· 43

제2장 문화와 경영: 출현에서 체계적 연구로 ___ 47

1. 선구자들 ································· 50
2. 에드워드 홀: 의사소통 체계로서의 문화 ········· 55
   고맥락과 저맥락 ··························· 57

모노크론과 폴리크론 ·· 58
문화적 공간학 ·· 61
3. 호프스테드의 연구 ·· 66
기본적 차원 ·· 67
조직들에 대한 결과 ·· 71
기여와 한계 ·· 74

제3장 해석적 접근방식 ___ 79

1. 의미 체계로서 문화 ·· 82
공유된 의미 체계 ·· 82
근본적인 두려움의 참조기준 ·· 83
의미작용의 연쇄 ·· 84
의미 체계에서부터 정치문화 체계까지 ································ 86
정치문화와 경영 ·· 87
정치문화의 일관성과 안정성 ·· 88
2. 민족지학적 영감의 방법 ·· 90
현장 ·· 91
분석 ·· 92
3. 경영의 국가적 맥락 ·· 95
명예의 논리 ·· 96
계약의 논리 ·· 100
합의의 논리 ·· 104
정치문화의 목록 ·· 106
4. 정치적 문화의 만남 ·· 107
결정하기란 무엇을 의미하는가 ·· 108
5. 종합적 관점 ·· 110
문화 유형론 ·· 111
신흥 국가의 발전 ·· 115

논쟁과 심화 과정 ·········· 118

제4장 상호문화적 경영의 실행 ___ 121

1. 개인적 문제 ·········· 124

  상호문화적 민감화 ·········· 125

  현장 학습 ·········· 126

  다문화적 개인 ·········· 129

  개인의 선발 ·········· 130

2. 제도에 따른 통합 ·········· 131

  직업문화 ·········· 131

  기업 문화 ·········· 133

3. 상호문화적 시너지 구축하기 ·········· 136

  적절한 작업 방식의 공동 구상 ·········· 136

  경영 도구의 조정 ·········· 141

4. 상황에 따른 방안 ·········· 144

나가기 ___ 149

Bibliographie ___ 151

지은이 소개 ___ 161

옮긴이 소개 ___ 162

들어가기

원거리에서 인도 팀을 관리하는 유럽의 정보 처리 프로젝트 담당자와 이민노동자 팀을 이끄는 관리자, 다국적 직원을 평가하는 방법을 조율하려고 하는 인적자원 책임자 간의 공통점은 무엇일까? 모두가 상호문화적 경영에 직면한 사람들이란 점이다. 다시 말해서 그들은 업무에서 문화적 차이를 관리할 필요성을 느끼는 사람들이다. 상호문화적 경영은 다음 3가지 요소를 포함한다.

첫 번째 요소는 문화 다양성이다. 이 문화 다양성은 여러 국가와 관련된 것일 수도 있고 한 국가 내에서 여러 문화와 관련된 것일 수도 있다. 어떤 사람에게는 기업 문화와 직업 문화의 차이까지도 문화 다양성에 포함된다. 그러나 상호문화적 경영 연구의 본질은 국가적 차이나 문화적 소수자를 다루는 것이다.

두 번째 요소는 상호작용의 개념이다. 다시 말해서 서로 다른 문화 간의 만남이지 문화의 공존은 아니다. 바로 이것이 상호문화적 경영을 비교 경영과 구분 짓는 기준이다. 그런데 이런 문화 간의 만남은 항상 개인 간의 만남처럼 이뤄지지는 않는다. 경영 수단이 국제적으로 확산될 때 문화 충격은 잘 보이지는 않지만 여전히 나타난다. 사실 중립적이지도 보편적이지도 않은 이 경영 수단은 그것을 만들어낸 문화적 맥락에 적절한 조직 개념과 노동 개념을 전달한다. 예를 들어 어떤 경영 관리 도구는 각각의 역할과 계급 관계의 특별한 표상을 기초로 한다. 이것은 암묵적으로 누구에게, 어떤 주제를, 어느 정도로 정확하게 설명해야 하는지를 결정한다. 기술적 도구에 이어서 사용자의 자율성과 책임감의 개념이 나타난다. 문화적 개념이 스며든 이런 도구가 다른 국가에서 온 직원에게 주어지면 비록 개인 간의 접촉이 직접 이뤄지지 않았더라도 상호문화적 만남이 이루어진다. 그래서 상호문화적 관리에서는 도입된 도구를 행위자들이 지역적으로 실행하고 조정하며 습득하는 방식에 큰 관심을 기울인다.

상호문화적 경영을 이루는 세 번째 요소는 기술적 효율성과 경제적 실천을 포함하는 조직적 맥락이다. 여기에서 문화 간의 만남은 상호 발견이라는 목적을 이루는 데 그치지 않고 한 조직에서 요구하는 실행으로 이어져야 한다. 상호문화적 경영은 문화 간 차이에도 불구하고 협력을 보장하는 방안과 문화적 다양성을 제공하는 잠재적 자원의 활용 방안을 찾아내는 것을 목표로 한다.

1990년대 말부터 상호문화적 경영은 고려해야 할 차이의 영역을 확대하여 성별, 세대, 성적 취향, 신체적 능력 등까지 다양성 관리에 포함하는 경향을 보여주었다. 다양성 관리 프로젝트는 무엇보다 먼저 모든 형태의 차별과 투쟁하며 모두를 노동의 세계에 포함시키고자 한다. 문화적 소속감은 개인별 다양성의 기원을 구성하는 요소에 추가되는 사회적 특징 중 하나이다. 그렇지만 다양성이라는 개념 같은 핵심 개념을 중심으로 모든 특징을 혼합하는 것은 다양성 관리에서 단일성을 모두 잃게 할 가능성이 있다. 예를 들어 장애인을 위한 일자리 마련, 동성애자를 바라보는 편견과의 투쟁, 문화적 차이의 관리는 모두 같은 방식의 조치로 해결하려 해서는 안 된다. 만약 넓은 의미로서 다양성 관리가 기업 책임자에게 지금까지 은폐된 문제에 관심을 갖게 하고 그들이 직원에게 기대하는 동일화되고 규범화된 표상에 의문을 제기하게 하더라도 상호문화적 경영 절차처럼 좀 더 적합한 절차로 대체될 수는 없다.

기업 내의 상호문화적 상황은 오래된 현상이지만 문화적 차이를 적극적으로 고려하면서 그 상황을 이해하려고 노력하는 변화는 최근에 이루어졌다. 20여 년 전부터 합병, 인수, 협력이나 동맹의 형식으로 국제화 과정에 참여한 기업은 문화 간 만남의 기회를 제공하는 상호문화적 협력을 많이 경험해 왔다. 비록 가벼운 '오해'라 할지라도 자주 생기면 그것은 관련 기업의 운영에 지장을 줄 수 있고 아주 심한 경우에는 전도유망한 프로젝트를 실패하게 할 수도 있다. 대부분의 기업은 보편적이라고 여겨진 지배적인 모형을 강요함으로써 문화적 차이를 무시하거나 그 차이를 없애려고 시도하는 정책의 한계를 잘 알고 있다.

기업이 요구하는 경쟁력에는 현명하고 전략적인 선택뿐만 아니라 상호문화적 협력의 성공과 그것을 실행하는 데 필요한 경영 수단의 지역적 적용까지 포함된다. 문화를 존중하는 새로운 관리 모형을 모색하는 기업은 서구 사회에 널리 퍼져 있는 다문화주의에 관한 격렬한 토론에 관심을 보이고 있다. 어떤 사람들은 모든 시민을 구별 없이 전적으로 동일하게 처우하는 것이 평등의 원칙에 부합하다고 여기지만, 또 다른 사람들은 차이에 따라 구별한 후 각자에게 적합하게 처우하는 것이 비차별 정책의 기초가 된다고 주장한다.[1]

학문적 측면에서 볼 때 1980년대에는 경영의 실행과 국가 문화 간의 결합에 관한 연구에서 상당한 성과를 거두었다. 네덜란드의 학자 호프스테드(G. Hofstede)는 50개국 이상을 대상으로 양적 비교 연구를 야심차게 수행하였다. 그는 '각 국가는 그 국민을 관리한다.'는 방식을 찾아냈다. 그의 연구는 4가지 기본적인 차원에서 이루어졌다. 이 4가지 차원은 국가 문화를 특징짓고 그 국가 문화에서 경영의 효과적인 실행을 위한 암시를 끌어낼 수 있게 하였다. 프랑스의 디리반(Ph. d'Iribarne)은 민족지학적 방법에 기초하여 연구를 수행하였다. 그는 기업의 효율적인 생산을 위한 조직 방식이 사회 내 좋은 처세술의 개념에 얼마만큼 기초하는지와 그 처세술의 개념이 국가별로 다양한 전통을 보여준다는 사실을 밝혀냈다. 따라서 상호문화적 경영은 다문화적 기업이 경제적 효율성을 제고하려는 의지의 결과이고 차이를 존중하는 윤리적 요구의 결과이다. 이처럼 상호문화적 경영은 기업이 속한 사회와 문화의 기반이 되는 접근법을 중심으로 이루어진다.

오늘날 상호문화적 경영의 정확한 정의와 문화 자체의 개념 그리고 문화의 다양성을 관리하는 효과적인 방법에 관한 논쟁이

---

1) C. Taylor, *Multiculturalisme. Différence et démocratie*, Paris, Aubier, 1994, p. 59.

계속 이어지고 있다. 따라서 이 책의 목표는 이 분야의 범위와 내용을 명확하게 하는 데 기여하는 것이다.

제1장에서 우리는 문화의 개념과 문화 영역의 개념에 관심을 가지면서 이 분야와 관련된 많은 논의를 살펴볼 것이다. 역사적인 접근은 우리에게 상호문화적 경영의 기초 개념과 현실의 변화 과정을 이해하도록 도와줄 것이다.

제2장에서는 선구자의 기여, 상호문화적 의사소통에 관한 연구 그리고 가치의 체계적 비교를 자세히 살펴봄으로써 상호문화적 경영 연구의 발전 과정을 보여줄 것이다. 여기에 나오는 '가치의 체계적 비교'는 오늘날 이 분야의 지배적인 접근방식이다.

제3장은 해석적 접근으로 이루어진다. 이 장에서는 문화적 차이를 측정하는 도구의 개발보다는 각 문화의 일관성을 강조하는 연구를 소개할 것이다.

제4장은 상호문화적 조직의 관리 부분과 경영 수단의 국제적 전이와 관련된 상호문화적 경영의 실행 부분으로 구성된다. 또한 상호문화적 경영의 다양한 경향을 알려주는 구체적인 적용 사례를 소개할 것이다.

제1장 문화의 개념

제1장 문화의 개념

상호문화적 경영은 여러 문화 간 차이의 분석과 문화와 관련된 용어의 분석을 기초로 한다. 여기서 말하는 용어는 오직 문화의 개념을 정의하고 여러 문화를 비교하는 문화적 영역을 기술함으로써 의미를 지닌다. 그런데 이 '문화'라는 개념은 수많은 의미를 내포하고 있다. 사회과학 부문에서도 정체성, 유산, 예술적·물질적 산물, 상징과 표상이 관련될 때 문화라는 용어를 사용한다. 여기에 사회과학은 다양한 형태를 띤 문화 영역의 연구 대상을 정의하면서 계층문화·기업문화·지배문화와 반문화를 비교하고 분석한다.

비록 사람들이 문화를 우선적 대상으로 삼았던 인류학의 영역으로 제한한다 하더라도 이 문화의 개념은 식민지 시대부터 사람 간의 이상적 의사소통이 가능해진 시대에 이르기까지 다양한 현실과 관련되어 있다. 의미의 다양성과 연구된 영역의 복합성을 이해하는 방법 중 하나는 개념의 역사를 되짚어 보는 것이다. 바로 이것이 우리가 문화 개념의 변화를 가장 먼저 살펴보고자 하는 이유이다. 이 역사적 접근의 목적은 모든 것을 완벽하게 살펴보는 것이 아니라 의미의 다양성과 문화라는 개념이 제기하는 논쟁을 살펴보는 데 있다.

1. 문화 개념의 발전

18세기에 문화(culture)는 자연과 대립되는 것으로, 교육으로 습득될 수 있는 것을 가리켰다. 프랑스에서 문화는 계몽주의 이념의 영향을 받았는데 계몽주의 이념은 명철한 이성의 진보를 이뤄서 자연적 순서를 변형시키도록 권장하였다. 그래서 문화는 문명(civilisation)과 비슷한 의미를 지녔다. 인문과학은 본래부터 인간의 발전에 관심을 가졌다. 특히 민족학은 문명이 발달해 가는 과정에서 인간의 발자취를 연구하는 학문이다. 독일에서는 프랑스와 달리 Kultur(문화)라는 단어가 문명과 대립적인 의미를 지닌다(Elias, 1973). 점진적으로 문화는 이른바 생활 관습의 진화를 특징짓는 사회적 산물이라기보다는 사회구성원 전체가 물려받은 유산이나 다른 사회와 구별되는 지표인 '한 민족의 정신'을 가리킨다. 헤르더(Herder)도 각 민족의 국민성을 강조했고, 계몽주의 철학1)이 갖는 인류 문화의 보편주의와 단절하면서 문화의 다양성을 도입했다. 그는 '민족적 특성'을 분리 불가한 전체요, 독특한 총체성을 띠는 것으로 보았다. 또한 문화의 복수성이 인류의 풍요로움을 만들어 낸다고 생각했다.

문화의 이러한 낭만적 개념은 타일러(Tylor)가 계승했다. 그는 1871년 『원시문화(Primitive culture)』라는 책을 출판함으로써 인류학의 기초에 공헌하였다. 그는 그 책에서 문화를 "지식, 종교, 예술, 도덕, 법, 관습 그리고 사회구성으로서의 인간에 의해 습득된 다른 모든 능력과 습관을 포함하는 복합적인 총체"로 정의한다(p. 1). 여기서 강조하는 것은 문화의 습득과 독특한 유산이다. 그리고 민족지학은 인간의 다양성을 이해하는 것을 목표로 한다. 하지만 이 민족지학적 접근은 문명의 보편주의자적 관점과 완전히 결별하지는 않았다. 타일러는 문화의 기원을 살펴보면서 원주민이 유럽 사회의 기원을 보여준다는 결론을 내렸다. 전통

---

1) *Une autre philosophie de l'histoire* (1774), publiée dans J. G. Herder (2001), *Histoire et cultures*, Paris, GF.

적 문화의 특징을 나타내기 위해 '생존'이라는 용어와 '원시인'이라는 용어를 사용하는 것은 진화주의적 관점을 나타낸다. 다시 말해서 인간이라는 유일한 존재는 상이한 리듬으로 발전하지만 최종 단계, 즉 문명에 도달하기 위해서는 동일한 단계를 거치게 된다. 모건(Morgan)은 『고대사회(Ancient Society)』라는 저서에서 진화론적 이론의 극치를 보여주었다.

식민주의의 기반이 된 진화주의적 인류학은 가치의 판단으로 이루어졌다. 이러한 민족지학적 기술은 경험적 이론을 만들기 위한 재료를 제공하기보다는 민족의 보편적 진화를 가정하는 법칙을 설명하고자 하였다. 인류학이 진정으로 과학적 학문 분야가 된 것은 19세기 말과 20세기 초였다. 보애스(Boas)는 거대한 사색적인 종합을 포기하고 사회를 직접 면밀하게 관찰하고자 한 사람 중 한 명이었다. 그는 일반화보다는 특정 사회의 조직을 연구함으로써 문화주의자적 접근법의 창시자 대열에 서게 된다. 이 문화주의자적 접근법에서는 인류의 통일성보다는 각 문화의 다양성과 자율성을 강조한다. 보애스는 한 사회의 문화적 특징을 총망라하는 목록을 작성하고자 하였다.

말리놉스키(Malinovski)는 보애스가 발전시킨 과학적·민족지적 절차를 다듬었다. 그는 문화를 구성하는 수많은 변인 간의 상관관계를 기술하기보다는 문화를 그 자체로 이해해야 하는 총제로 간주하였다. 또한 근본적으로 진화론의 가설과 결별하면서 각 대상이나 의례는 한 문화의 전체를 보여주는 것이므로 한 사회는 그 사회의 고유한 논리 속에서 연구되어야 한다고 주장하였다.

그의 기능주의적 이론은 각 문화를 인간의 기본적 욕구에 대한 독특한 대답으로 가정한다. 그래서 그는 사회 구조를 생물학적 정보와 연결한다. 예를 들어 그의 접근은 부모와 아동의 관계 조절이라는 일반적 문제에 대답하기 위해서 어떤 특정 문화가 제시하는 특별한 제안이 무엇인지 살펴본다. 그가 전통사회를 바라보는 고정된 관점은 전통사회에 내재된 갈등, 전통사회가 겪는 변화 그리고 전통사회와 다른 사회의 접촉을 무시했다는 반박을 받았다. 그러나 말리놉스키는 참여자적 관찰의 개념을 도입함으로써 인류학에 방법론적으로 상당히 기여하였다. 이 참여자적 관찰의 개념은 언어 학습과 몰입을 통해 내부 문화를 이해하도록 하고 관찰된 사람의 상징적 범주를 이해하도록 한다 (Laplantine, 1987).

말리놉스키는 미국의 문화인류학자(Mead, Benedict, Kardiner)에게 영향을 주었다. 인류학은 문화의 끝없는 다양성을 강조하면서 여러 문화를 비교하고자 했다. 특히 의사소통하기, 일하기, 휴식하기, 일어난 사건에 반응하기와 관련된 특별한 방식 같은 개인의 행동을 관찰할 것을 강조하였다. 각 문화는 구분되는 일체의 행동에 해당한다. 소위 '문화주의'로 불리는 이 학파를 지지하는 학자들은 문화를 존재할 수 있게 해주는 문화 습득과 문화 계승의 과정을 연구한다. 어떻게 문화는 행동을 만들어내는가? 어떻게 각 개인은 자신의 문화를 반영하고 구체화하며 재해석하는가? 개인적 행동과 학습의 관찰은 린턴(Ralph Linton) 같은 인류학자를 심리학자나 정신분석학자와 교류하게 만들었다. 린턴에 따르면 한 개인의 개성은 문화적 모델의 내면화에서 생긴 행동의 총체로 나타날 수 있다. 이렇게 하면 개성의 형태를 각 문화와 연결하는 것이 가능해진다. 또한 문화인류학은 문화 간의 접촉 과정과 상호작용을 연구하는 데 관심을 가졌다. 이런 관점에서 문화인류학은 문화적 확산의 개념을 발달시켰고 다른 문화 집단에 따른 한 문화 개념의 채택이라 할 수 있는 문화변용의 개념도 발달시켰다.

현대의 상징적 인류학은 관찰 가능한 '행동'보다는 관련된 사람들이 그 행동에 부여하는 '의미'에 더 큰 관심을 둔다는 점에서 문화인류학과 구별된다. "문화적 사실은 어떤 사회적 사실의 상징적 차원일 뿐이다."(Ortigues, 1993, p. 14) 여기에서 문화는 한 공동체에 고유한 의미 체계처럼 여겨진다. 달리 말해서 한 집단 내에 공유된 사회적 현실을 해석하기 위해 동원되는 범주는 그 집단의 문화를 특징짓는다. 구체적으로 말하면 사회적 상황의 정확한 의미는 각 개인이 구성한다. 이러한 각 개인은 경우에 따라 특별할 수도 있는 상황 요소와 공유된 범주를 연관 짓는다.

개인적 해석은 집단이 전달한 참조기준의 범주를 동일시하는 데서 생기고 이 참조기준의 습득을 기반으로 한 개인적 재창조에서 이뤄진다. 인류학자에게 중요한 것은 개인적 해석으로 그들의 독특한 표현을 넘어 공유된 범주를 발견하고 상징적 범주 간의 배열을 연구하는 것이다. 사실 이 범주는 마구잡이식의 조합을 허용하지 않는 한 체계 내에서 서로 상반되거나 연결된다. 이런 사상의 학파에게 이 사회체제는 상징적 체계의 부식토처럼 여겨지지 않는다. 반대로 상징적 실행은 사회 질서의 토대가 된다. 이것은 세계와 인간의 관계를 만드는 상징적 개념이다. 상징적 인류학의 중요한 부분은 신화의 분석이다. 다시 말해 각 사회의 기원에 관한 이야기, 동일한 사회에서 인간의 행동을 제시하는 모형에 근거를 두는 이야기를 분석하는 것이다(Leengardt, 1985).

확장된 관점에서 보면 구조주의 인류학은 각 문화의 일관성이 아니라 해당 문화의 논리를 연구한다(Lévi-Strauss, 1973). 인류학은 다양한 문화와 사회 조직을 인간 문화의 다양한 형태로 간주한다. 이것은 어떤 의미에서 문화의 불변하는 결합규칙을 만들고자 하는 초문화적 이론을 말하는 것이다. 여기에서 문화는 추상적 구성물로 여겨진다. 구조주의자는 각각의 문화적 형태를 일반적 원칙이 특별하게 결합하여 표현된 것으로 보므로 문화를 구성하는 관계 체계를 알아보고자 한다. 결합들은 그것을 초월하는 개인의 밖에서 연구된다. 다시 말해 의미는 주체에게 접근 가능한 것이 아니라 그 주체를 넘어서는 구조에서 나온다.

가장 유명한 인류학자의 연구를 빠르게 개관하면서 문화 개념의 변화를 살펴본 결과, 이 문화라는 개념은 만장일치를 이루지도 않았고 제한된 자료집을 참조하지도 않았음을 알 수 있었다. 그렇지만 경영이 사회과학에서 '문화'라는 용어를 빌려올 때 그것을 둘러싼 논의는 중요하게 이루어진다. 다음 장에서는 문화에 접근하는 다양한 방법과 쉽게 관련지을 수 있으며 상호문화적 경영을 다루는 데 필요한 여러 가지 접근방식을 소개할 것이다.

2. 문화라는 개념을 둘러싼 논쟁들

문화 개념의 변화를 보여주는 계속적인 논쟁을 넘어서, 자주 반복되는 몇 가지 논쟁을 찾아볼 수 있다. 첫 번째 논쟁은 문화의 보편성을 강조하는 접근과 개별주의를 강조하는 접근의 대립이다. 두 번째 논쟁은 타당한 분석 대상과 관련된 것이다. 즉, '문화를 정의하려면 제도, 물질적 산물, 행동, 사람들이 행동에 부여하는 의미에 관심을 가져야 하는가?'에 관한 논쟁이다. 세 번째 논쟁은 문화의 안정성과 관련된다. 즉, '문화는 영구불변한 총체인가? 아니면 끝없이 변화하는 유동체인가?'에 관한 것이다.

보편적인 것과 특수한 것

인류학의 대상으로서 문화는 민족의 다양성과 인간의 단일성을 설명하기 위해서 노력한다. 사실 인류학에서는 한 문화를 발달시키는 인간 집단의 보편적 능력과 각 문화의 특수성을 연구한다. 각 문화는 인간이 지닌 유일한 인간성의 특별한 표현이다. 이런 의미에서 문화는 언어와 비슷하다. 왜냐하면 인간의 특징을 나타내는 언어 능력은 수천 개의 다른 언어 발달로 나타났기 때문이다. 그렇지만 관련된 경향에 따르면 인류학자들은 개별성을 연구하기도 하고 보편성을 연구하기도 한다. 스펙트럼의 한 쪽 끝에 해당하는 미국의 문화인류학은 문화를 통해 인간 행동의 다양성을 기술하려고 한다. 스펙트럼의 다른 끝에 해당하는 구조인류학은 보편적 관점을 취한다.

보편주의 지지자와 개별주의 신봉자 간의 논쟁은 보편성과 특수성을 동시에 고려해야 할 필요성을 보여준다. 배제적 방법으로 간주된 이 둘의 견해는 사실 해결할 수 없는 역설로 치닫는다. 먼저 보편주의는 차이가 보편적 인간의 범위를 모호하게 한다는 이유로 차이를 부정하는 한편 다양한 국가적 전통 속에서 표현되는 방식의 다양성에 의해서는 반박을 당한다. 예를 들어 미국적 맥락에서 보편주의를 지지하는 사람은 법률이라는 성스러운 특징의 보편적 표상에 모든 판단의 기초를 둔다. 이 법은 최고의 규제 원칙으로서 모든 곳에서 자연스럽게 적용되도록 맞춰져 있다. 프랑스에서 보편주의 옹호자들의 담화는 이성의 보편성에 근거한다. 이 프랑스의 보편성은 세상의 관계를 전적으로 규제하도록 되어 있다. 이처럼 보편주의가 문화적 맥락에 따라서 다른 형태를 띤다는 사실은 역설적으로 보편주의의 견해를 무효화한다. 다음으로 개별주의나 상대주의는 각 문화의 축소불가능성을 전제로 하기 때문에 모든 상호문화적 이해의 가능성을 단호하게 부정한다. 공통분모가 조금이라도 없다면 다른 사람의 문화에 영원히 접근할 수 없거나 이해할 수 없다. 이처럼 보편주의와 개별주의가 배제적 관계이기 때문에 모든 상호문화적 계획은 지역 다양성과 함께 인간의 보편성을 인정하는 것을 전제로 한다. 중요한 것은 바로 그 둘 간의 유기적 결합을 숙고하는 것이다.

타당한 분석 영역

초창기 민족지학자는 의복, 주방기구, 농기구, 악기 그리고 다른 물체의 특징을 세심하게 기록하려고 애쓰면서 문화의 물질적 차원을 주장했다. 민족지학자들은 한 사물의 제작을 문화적 사실로 간주했다. 왜냐하면 그 사물의 제작은 인간의 사고·의도·기술을 증명하기 때문이다. 물질문화는 타당한 분석의 첫 번째 단계이지만 그것이 사용되는 용례와 분리될 수 없기 때문에 물질 자체를 문화라 하기는 불충분하다.

사실 한 문화 내에서 사회화는 사물을 사용할 수 있도록 하는 기술 학습을 전제로 한다. 이것은 마치 자전거 타는 법을 배우는 아이의 이미지를 떠올리는 것과 같다. 인류학 연구는 사물의 분석뿐만 아니라 사회적 실행에서 그 사물의 동화 과정을 분석하는 것까지 포함한다. 가령 한 사물의 사용은 사회적 상호작용 속에서 나타난다. 따라서 의례는 사람들이 의례 속에서 행한다고 볼 수 있다. 더 일반적으로 설명하면 사람들은 사회에서 맡은 역할에 따라 동원되고 차별화된 대상에게 적절한 행동을 보여주는 것이다. 예를 들어 아프리카 흑인의 치료법은 '의례적 물질'을 불러 모은다. 이것은 식물과 물체, 영적 치료사(nganga)가 말하는 주문 형식과 관습적 담화 그리고 거기에 어울리는 제스처로 이루어져 있다(Godelier, 1973). 문화는 한 공동체의 구성원이 상호작용하는 방법을 규정한다. 그렇다고 해서 그런 방법을 구성원 모두가 같은 방식으로 정하는 것은 아니다. 이를테면 한 언어는 그것이 말을 하게 하거나 말을 못하게 한다는 점에서 화자의 표현을 규제하지만, 그렇다고 해서 화자가 발화체를 선택할 자유까지 막지는 않는다. 따라서 개인의 상호작용은 한 문화의 고유한 사회적 실행으로 볼 수 있다. 인류학자 중 특히 미국의 문화주의학파에게 적절한 분석의 영역을 이루는 것은 바로 개인적 상호작용이다. 예컨대 미드(M. Mead, 1969)는 개인의 행동을 문화라고 주장한다.

다른 인류학자들은 개인의 행동은 제도에 기반을 두고 있기 때문에 조직적으로 맞춰져 있다고 본다. 따라서 한 문화를 특징짓는 표현, 행복, 여성의 교환은 협약에 따라 정해진다는 것이다 (Lévi-Strauss, 1958). 이 협약은 사회관계를 조직하고 금기를 결정한다. 예를 들어 가족제도는 다양한 사회에서 부모와 자녀 간, 남자와 여자 간의 특별한 상호작용을 만들어 낸다. 한 사회 집단의 경제, 정치, 법률, 교육 제도는 그 사회에서 중시되는 사회 구성 원칙의 표현이다. 이런 관점에서 제도야말로 문화의 핵심체라 할 수 있다.

파슨즈(Parsons, 1973)에 따르면 제도는 그것이 문화체계에서 정당화될 때만 지속된다. 예를 들어 관료조직과 시장경제는 그것에 의미를 부여하는 문화체계 속에 뿌리를 내리고 있다. 더글러스(Douglas, 1999)에 따르면 '제도'는 기본원칙과 물질세계의 유사함에서 정당성을 끌어낸다. 일례로 머리와 손의 관계는 육체노동과 지적노동을 분리하고 계층 구조를 정당화하기 위한 비유로 사용되어 왔다. 따라서 만들어진 제도는 논쟁에 직면할 때 그것이 세계의 본질에 적합하다는 점을 들어서 정당성을 내세울 수 있다. "따라서 제도는 깨지기 쉬운 협약의 단계를 초월한다. 자연에 기반한 이런 제도는 결국 이성에 기반을 둔 것이다. 일단 만들어진 제도는 보편적 질서의 일부가 되고 그 자체로도 기반으로 여겨질 수 있다."(Douglas, 1999, p. 70)

이것은 합법화된 제도가 이 제도에 구속되는 개인의 인지적 절차에 영감을 준다는 것을 의미한다. 그런 영향을 받은 사람들은 사회 질서를 해석할 때 기관의 협약이 허용하는 관계와 어울릴 수 있는 형태로 나아가게 된다. 그래서 제도와 더 넓은 차원인 사회적 실행은 그 제도에 의미를 부여하는 상징적 세계와 불가분의 관계인 것처럼 보인다. 뒤르켐(Durkheim, 1912)은 "만약 매순간 인간이 본질적 생각에 합의하지 못한다면, 만약 인간이 시간, 공간, 원인, 숫자 등의 동일한 개념을 가지지 않는다면, 모든 합의는 지식인 간이나 모든 공동생활에서도 불가능할 것이다."라고 말했다. 다시 말해 사회 구성원이 최소한의 범주를 공유하지 않는다면 사회는 존재하지 않는다는 것이다. 개인은 사회화를 통해, 제도에 따라 전달되는 사고의 범주를 내면화한다. 반대로 개인은 동일한 범주를 사용하여 작용 중인 사회적 실행에 의미를 부여하려고 하고 이 실행을 정당화하는 데 기여한다.

더글러스도 "한 사회 집단은 자기 고유의 세계관을 만들어내고 상호작용의 도식을 만드는 사고방식을 발전시킨다."라고 했다. 사람들은 여기에서 한 문화의 이해를 위한 의미 체계나 범주 연구의 중요성을 예감한다. 사회 구성원의 행동에 의미를 부여하는 것은 바로 의미 체계이기 때문이다.

상징적 체계의 인류학은 문화를 의미의 총체로 이해하였고 1950년대부터는 개인의 의미 생산에 관심을 보였다. 기어츠(C. Geertz, 1973)가 주장했듯이 인간 행동의 속성은 의미작용을 하는 것이다. 모든 행동은 마치 그것을 해석하는 사람에게 의미가 있 듯이 행동하는 사람에게 의미를 허용한다. 예를 들어 한 사람이 협상에서 미소를 짓는다면 그는 자신의 만족을 표현할 수 있다. 언어 교환은 의미를 정확하게 표현할 수 있다. 일례로 까다로운 부분에서 합의에 도달했을 때의 만족이나, 타협이 이뤄져서 공 유된 생각을 확인했을 때의 기쁨 등이 있을 수 있다. 이런 '의미' 는 상호작용 속에서 이루어진다. 그런데 이런 구조는 문화에 따 라 다르게 결정된다. 프랑스인에게 긍정적 감정으로 여겨진 미 소가 일본인에게는 거북함을 의미할 수도 있다.

문화는 개인이 사는 상황을 해석하기 위해 공유하고 동원한 '읽기 일람표'라고 할 수 있다. 각 개인의 읽기 일람표는 '집단 표상', '스타일', '풍조', '사고방식', '개념 도식' 등으로 이루어진 다. 일반적으로 의미 체계는 불분명한 세계를 정리하는 범주에 기초한다. 이 범주는 한계가 원래 정해지지 않은 세계의 정확한 물체의 이미지와는 다르다. 언어는 각 문화에서 고유한 배열방 식의 주된 도구이다. 다시 말해 '명명하기'는 현실을 재생산하는 것이 아니라 분류하는 것이다. 이런 관점에서 두 언어학자의 이

름에서 따온 '사피어-워프(Sapir-Whorf) 가설'은 언어가 각 공동체의 현실 개념에 영향을 준다고 주장한다. 현실에서 특별한 '잘라내기'를 제안하면서 한 언어는 하나의 세계관을 전달한다. 만약 한 물체를 명명하기 위한 단어가 없다면 우리는 그 물체를 생각할 수 없다. 그렇지만 각 언어에도 정확한 문화적 상황 내에서만 의미를 이해할 수 있는 번역 불가능한 단어가 있다. 예를 들어 대체로 '빚, 부채'로 번역되는 일본어의 'ぎり(Giri)'라는 단어는 우리가 살면서 지게 되고 사람의 도리상 어쩔 수 없이 해야 하는 '의무'를 가리킨다. 이 개념은 인간관계를 '주고받는 특별한 체계'로 여기는 세계에서만 본래의 의미로 인지된다.

만약 한 단어가 다른 언어에서 언어학적으로 동의어를 가지고 있다 하더라도 글자 그대로 번역한 것이 항상 원래의 의미를 설명하지는 않는다. 사실 한 단어는 궁극적으로 한 체계 내에서만 본래의 의미를 갖는다. 마찬가지로 개념적 범주는 다른 개념 범주와의 관계에서만 정의된다. 다양한 언어에서 동의어라고 여겨지는 단어들은 다른 의미 체계에서 나타나기 때문에 같은 개념을 띠지는 않는다. 예를 들어 프랑스어, 스페인어 또는 커바일어2)의 번역 상황에서 'honneur'라는 단어의 경우가 그러하다.

---

2) Voir Ph, d'Iribarne, *La Logique de l'honneur*, Paris, Le Seuil, 1989; J. Pitt-Rivers, *Anthropologie de l'honneur. La Mésaventure de Sichem*, Paris, Hachette, 1997; P.

따라서 상징체계의 인류학 관점에서 볼 때 문화를 이해한다는 것은 문화가 전달하는 세계의 개념들을 그 구성원의 담화 연구로써 명확하게 하는 것을 의미한다.

한 문화의 지속과 변화

시간 속에서 문화의 안정성은 인류학의 논쟁에서 다루어지는 또 다른 중요한 문제이다. 이것은 말리놉스키(Malinovski)로 대표되는 기능론자와 진화론자를 구별 짓게 해주는 주된 차이점이다. 진화론자는 문화의 다양성을 사회의 보편적 경로에서 상이한 발전의 단계로 설명하는 가설을 내리면서 문화의 변화를 주장한다. 문화를 단계의 연속으로 이해한 것이다. 반대로 말리놉스키는 문화를 문화의 지속성을 보장하는 복잡한 메커니즘에 따라 통합된 총체로 이해한다. 한 문화는 자신의 역사를 참조하지 않고도 이해될 수 있다고 본다. 즉, 문화는 관찰의 순간에 문화를 구성하고 체계를 이루는 측면들에 관한 연구로 이해될 수 있다는 것이다. 아주 예전부터 진화론자와 기능론자의 주장은 본질적 논박의 핵심에 있었고, 오늘날까지도 이 논쟁은 문화

Bourdieu, *Trois études d'ehnologie kabyle*, Paris, Le Seuil, coll. ≪Essais≫, 2000.

쇄신의 지지자와 문화 안정성의 지지자들 사이에서 지속되고 있다.

정확히 말해서 문화는 그 자체로 존재하지 않고 문화를 가진 개인을 통해서만 존재한다고 여기는 사람은, 문화 변화의 과정을 쉽게 이해한다. 한 개인은 그가 유전적 재산을 받은 것처럼 불변의 특정 문화를 전달받지는 않는다. 다시 말해 개인은 평생 동안 문화를 자신의 것으로 만들어 간다. 인간은 어린 시절의 사회화만으로 결정적인 정체성을 형성하지는 않는다. 인간은 어린 시절에 주입된 모형을 삶의 환경에 따라 계속 변형해 나갈 수 있다. 새로운 환경이 한 공동체 전체에 영향을 줄 때 학습과 적응은 사회 집단의 차원에서 이루어진다. 이러한 변화로 인해 인류학자들은 '비역사적인' 사회 개념으로 되돌아가게 되었다. "이 작은 사회는 안정적이지도 자동제어적이지도 않다. 그러나 협상과 이성적 타협의 영향으로 끊임없이 재구성되고 있다. 사회 질서의 인지적 기초를 형성하는 정치 담화의 범주는 계속해서 재협상된다."3) 이제는 문화가 서로 간의 접촉 없이 고립된 개체를 이루는 것이 아니라 끊임없이 상호작용한다는 것이 인정되고 있다. 게다가 인류학자는 소위 전통문화와 서양문화 간의

---

3) M. Douglas, *op. cit.*, p. 50.

만남의 행위자이고 증인이다. 이러한 접촉은 문화변용 현상을 통해서 문화들을 변화시켰다. 문화는 한 사회 집단에서 개인보다 먼저 존재한다. 그러나 각 개인은 자신의 경험에 따라서 문화의 재창조, 문화의 변형, 문화의 전달에 참여한다. 다른 문화를 가진 사람과 접촉에서 개인은 변화하고 어린 시절부터 내면화된 모델을 수정하는 데 이를 수 있다.

전통사회에서 이루어진 문화 변형의 과정은 현대 사회에서도 동일하게 나타난다. 서구 사회를 관찰하면 물질문화가 얼마나 정보와 의사소통 기술의 빠른 발전과 함께 변화했는지를 알 수 있다. 이 새로운 도구의 발명은 교류 형태와 사회적 실행을 바꾸었다. 제도도 마찬가지로 변화하지만 물질문화만큼 빠르지는 않다. 이처럼 법률은 기술 변화를 따라가거나 기술 발달이 만들어내는 전대미문의 상황을 규정하기는 어렵다. 그러나 특히 새로운 기술과 다른 변화의 통합은 문화적 상황에 따라 실행된다. 달리 말해 변형과 변화의 적응 과정은 관련된 문화에서 고유한 용어로 해석된다. "현존하는 문화는 끊임없이 변화한다. 그런데 이것은 수용되고 재해석된 유산에 의해서 변화하여 문화는 고유한 특징을 유지한다."(Abou, 1981, p. XIV) 더 정확히 말하면 물질문화와 사회적 실행이 변화하는 반면 이것을 지탱하는 의미 체계는 상대적으로 안정되어 보인다. 기술의 예를 구체적으로 들어보자면 새로운 도구는 지속되는 해석의 상황에서 의미를 지닌 새것으로 바뀐 실행 속에서 사용된다. 국가 차원에서 볼 때 일본은 일본 문화의 소멸 없이 기술문명과 관련된 모든 요구를 빠른 속도로 받아들인 것 같다. 좀 더 정확한 예를 들면 벨기에 기업에서 전자공학의 발전 과정을 분석할 때 그들은 예전의 절차를 기반으로 하는 협력 방법의 개념을 유지하면서 새로운 기술을 심의했음을 보여주었다[4]. 이것은 의미 세계가 불변함을 뜻하지 않는다. 이것은 쉽게 사라지는 가시적 표명의 문화가 아닌 더 큰 안정성을 가진 문화가 있음을 보여준다.

3. 문화 영역

문화가 무엇인가와 형성된 대립은 문화 간 비교를 위해 채택해야 하는 차원과 관련된 논쟁의 연장선에 있다. 모든 문화는 인간 공동체에 의해 발전되고 공유된다. 그래서 문화는 한 사회 집단과 관련이 있다. 이것은 개개인의 특성과 인간의 보편적 특

---

4) Ph. d'Iribarne, Coopérer à la belge. La mise en oeuvre problématique d'un agenda électronique, *Cultures et mondialisation*, Paris, Le Seuil, 1998, chap. II.

징 간의 분석 수준을 결정한다. 이러한 경계 내에서 이 영역은 광범위하고, 적합한 구분은 여전히 정의해야 할 부분으로 남아 있다. 실제로 한 개인은 동시에 여러 사회 집단에 속하고 다양한 문화를 실행한다. 따라서 문화의 개념은 양파 껍질의 이미지와 같은 끼워 넣기의 과정을 통해 -국가 문화, 지역 문화, 기업 문화, 직업 문화 등 다양한 단계로 열거될 수 있다. 기업 문화의 차원은 특히 한 국가에서 합병이나 인수를 시행할 때처럼 다양한 기업 문화와 결합하거나 공존 조직과 연관된 경영이 이뤄질 때 관련되어 있다. 이런 예들은 시장 검토하기, 과정 조직하기, 성과 측정·평가하기와 같은 다양한 방법을 조화롭게 만드는 것이 얼마나 어려운지를 잘 보여준다(BNP-Paribas, GDF-Suez). 그렇지만 경영계는 경영업계가 직접 영향을 미치는 부분이 바로 기업이라는 이유로 기업 문화만을 고려하면 안 된다.

기업 문화는 기업 문화에 영향을 주는 사회적, 국가적 문화를 벗어날 수 있는 자율적 산물이 아니다. 좀 더 자세히 살펴보면 양파 껍질의 이미지 자체를 다시 검토해야 한다. 사회 집단은 집단 간의 내포와 교차라는 더 복잡한 관계를 유지하는 문화를 만들면서 서로 얽히게 된다. 따라서 한 지역 문화는 국가 문화의 부분집합으로 여겨질 수 있다. 한편 국경지역과 연결된 다른 문화는 두 국가 문화의 혼성의 결과이다. 그러나 모든 문화는 어느 정도는 혼성의 역사적 산물이기 때문에 순수문화와 혼혈문화가 공존할 것이라고 결론지으면 안 된다.

직업문화와 관련해서 문화는 국가적인 면과 초국가적인 면을 동시에 포함한다. 기술자의 문화를 보자. 지식, 기술과 기술전문 용어로 만들어진 기술문화는 같은 분야의 프랑스, 독일, 미국의 기술자들이 공유한다. 그들의 출신이 어디이든지 그들은 공유된 용어로 기술적 문제를 논의할 수 있다. 그러나 만약 직업의 사회적 차원으로 관심을 돌린다면 국가 문화가 다시 나타날 것이다. 예를 들어 프랑스 기술자는 그들의 사회 정체성을 그들의 출신 그랑제콜에서 끌어낼 것이다. 이것은 프랑스의 특수성을 보여준다. 미국 기술자는 구성원의 권리를 보장해 주는 노동조합에 우선 가입하고, 독일 기술자는 종종 큰 기업에 자신이 소속되어 있다는 것으로 스스로를 규정한다.

그래서 상호문화적 경영을 실행하는 것은 특정한 상황에서 결정적인 역할을 하는 사회 집단(직업 단체, 기업, 국가 집단 등)을 정의하는 것을 의미한다. 이와 관련하여 오르티그(Ortigues, 1993, p. 10)는 "문화적 차이는 두 개인, 두 직업, 두 지역, 두 대륙 어디서든 나타날 수 있는데 이들은 상당히 큰 차이를 보인다. 문화의 개념은 비교의 개념이다. 다시 말해서 분석의 도구이다. 그래서 적용 영역의 구분은 사람들이 제기하는 문제에 따라 다양하다."라고 주장하였다. 유럽에서 상호문화적 경영이라는 용어는 일반적으로 국가 문화의 차이를 가리킨다(Hofstede, Trompenaars, Schneider & Barsoux). 비록 프랑스에서 국가 문화의 개념에 상당한 거부감을 보이고 있기는 하지만 말이다.5)

경제활동의 세계화는 기업들에게 국가 경계가 앞으로 사라질 고대 세계의 흔적일 뿐인 것처럼 믿게 할 수 있다. 사업하는 방식이 전 세계적으로 비슷하다는 가정은 미국식의 경영 방법이 점차 확대되면서 더욱더 설득력을 얻게 되었다. 여러 나라의 지도자는 미국 대학이나 자국의 비즈니스 학교에서 교육을 받는다. 이 자국의 비즈니스 학교는 미국식 경영 프로그램을 가르치기 때문에 국제 문화에 익숙한 활동적인 엘리트를 만든다(Wagner, 1998). 전 세계에 확산된 미국식 경영 방식은 무엇보다 여러 국가의 협력자 간 임시직원화 과정으로 나타난다. 그렇지만 가시적으로 보이는 실행의 일치는 그들이 일하는 회사에서 자신의 언어나 지역어 사용을 주장하는 소수자의 요구 같은 불일치라는 상반된 운동을 배제하지 않는다. 따라서 미국 서부지역에 위치한 미국 기업의 자회사는 그 회사의 관리자에게 히스패닉 이민

---

5) Voir la position de M. Maurice, F. Sellier et J. -J. Silvestre dans le débat sur 『*Culture et effet sociétal*』, *Revue française de sociologie*, X X XII-4, 1991, et X X X III-1, 1992.

자와 일을 할 때 더 잘하도록 하기 위해서 스페인어를 배우라고 장려한다.

　국제적 획일화와 지역 적응이라는 대조되는 움직임에서 국가적 차원은 경영에 어떤 이점이 있을까? 이런 차원은 만약 우리가 문화를 유연하거나 다양한 실행의 관점에서가 아니라 특정 의미의 세계로 여긴다면 합당해 보인다. 사실 우리는 앞에서 제도, 즉 사회 조직의 형태는 이들이 함께 사는 방식으로 공유된 개념에 따라 합법화되었을 때만 유지될 수 있음을 보았다. 반대로 제도는 개인의 사회화에 참여하고, 제도를 만드는 사회 질서의 개념을 전달하는 역할도 한다. 그렇지만 교육, 법 그리고 정치 제도는 국가 차원에서 우선적 방법으로 발휘된다. 이 경우 국가적 구분은 소수의 주장과 관련된 권력행사나 국제화 변화에 대한 맹목이 아니라 정치적 문화 건설의 영구적 과정의 결과로 나타난다. 그렇지만 문화적 통합의 정도가 사회마다 다양함은 명백하다. 예컨대 강하게 통합된 고대 국민국가에서는 이런 개념이 대체로 공유되었다. 그러나 새로운 국가나 통합이 덜 된 국가에서는 반드시 이렇지는 않다. 요컨대 국가적 상황은 상호문화적 경영을 위한 분석 단위 중 하나가 된다. 이 분류는 오랜 역사를 가지고 그 경계가 아주 분명한 국민국가의 경우에서는 타당하다. 이 구분은 다른 차원을 배제하지 않는다. 상호작용하는 사회 집단을 점점 더 구체적으로 명확하게 하면서 문화적 분석을 다듬는 것은 가능하다. 예를 들어 협상을 위해 싱가포르에 초대된 한 경영인은 말레이시아 문화에 관한 지식보다는 중국식 해석 상황을 잘 이해하는 것이 아마도 더 크게 도움이 될 것이다. 왜냐하면 역사적으로 이 사업을 지배하는 사회 집단의 출신이 바로 중국계이기 때문이다. 중요한 것은 각각의 상황에서 경영 관점에 타당한 하위 집단을 정의하는 것이다.

4. 오늘날의 논쟁

문화 개념과 관련되고 성공을 거둔 논쟁과 토론은 일부 인류학자를 이 문화 개념에서 멀어지게 하는 것 같다(Kuper, 1999). 역설적으로, 문화가 다른 사회과학에서 부상되는 것은 인류학자가 문화와 거리를 두는 순간부터이다. 특히 사회학은 권력 관계의 영역에서 문화의 개념을 도입한다. 따라서 사회학자는 중산층문화·대중문화·지배문화와는 다른 하위문화나 반문화에 관심을 보인다. 계층의 관계는 문화를 기준으로 재고되고 있다. 뱅소노(Vinsonneau) 같은 심리학자는 차이의 집합적 인식은 한 공동체에 따라서 개개인의 정체성 주장에 이르게 된다는 의미에서 정체성의 개념과 문화를 연결 지었다(Vinsonneau, 2002). 한 문화의 공유는 한 개인이 한 사회 집단에서 자신의 소속을 인식하고 그 개인을 사회 집단과 동일시하도록 해준다. 여기에서 문화는 정체성의 근원이다. 따라서 권력·정체성 대립의 결과인 모든 갈등은 문화적 차이의 탓으로 돌릴 수 있다.

경영계도 1980년대 초 기업 문화라는 개념을 만들었고 10여 년 후에는 상호문화적 경영이라는 개념을 만들었다. 명백히 도구적 목표에 따라 작동된 경영은 종종 사회과학을 무시하거나 단지 자기가 의도한 바에 도움되는 것만 취하면서 선별적 방법으로 사회과학을 활용하였다. 기업 문화라는 개념도 마찬가지였다. 기업 문화의 발전은 대부분 문화 결정주의자적, 행동주의적 접근의 영향을 받았다. 이것은 인류학자들 자체에서는 포기된 접근이었다. 경영계가 일본 기업의 경영 방식에 좀 더 관심을 보이게 된 것은 서양 경제가 침체기에 빠진 데 비해 일본 경제는 전 세계적인 차원에서 눈부신 발전을 보였기 때문이다. 수많은 기업의 회장단과 서양의 자문단은 일본으로 가서 예기치 못한 성공의 비밀을 알아내고자 했다. 일본의 봉급생활자에게 강한 영향을 받은 관리자와 자문단은 일본의 성공은 봉급생활자들이 자발적으로 참여한 결과라는 결론을 내렸다. 그래서 사람들은 그 기업을 소속감과 동기를 불러일으키고 행동의 규범을 제공하는 동시에 개인 행동의 결집이라는 까다로운 문제를 쉽게 해결하는 하나의 공동체로 생각했다(Peters et Waterman, 1983). 이때 관리자의 역할은 이러한 기업 문화를 만들어서 직원이 기업의 신화·가치·신념을 공유하도록 하는 것이다(Schein, 1985). 괄목할 만한 성공이 알려진 이후에도 기업 문화의 개념은 존속되었지만 무대 전면에서는 사라졌다. 경기가 후퇴기에 접어들고 기업이 해고 계획을 세우는 상황이 되자 봉급생활자는 정규 고용을 보장받지 못해도 회사에 충실할 수밖에 없게 되었다. 상호문화적 경영은 경제 활동의 세계화와 이주의 움직임으로 국제적 경쟁과 소수자의 사회통합에 해답을 제공하라는 요구에 직면하게 되었다.

제2장 문화와 경영

: 출현에서 체계적 연구로

제2장 문화와 경영

: 출현에서 체계적 연구로

상호문화적 경영과 관련된 논의가 이루어지기 훨씬 전부터 기업 경영이 사회적, 정치적 또는 종교적 맥락에서 어떻게 뿌리를 내렸는지에 관한 연구가 이루어졌다. 이 연구의 선구자들은 이 문제를 다른 문제에 중심을 두거나 더 광범위한 문제를 다루는 연구의 일부로 접근하기 시작했다. 특히 20세기 초 베버(M. Weber)의 연구와 1960년대 크로지에(M. Crozier)의 연구가 이 경우에 해당된다.

홀(Hall)이나 호프스테드(Hofstede)의 연구와 같은 또 다른 연구는 문화와 경영 간의 관계를 문제의 핵심으로 보았고 새로운 연구 영역의 참고자료를 구성하였다.

1. 선구자들

토크빌(Alexis de Tocqueville)은 경영을 좀 더 넓은 사회적·정치적 맥락 속에서 분석하고 파악하려고 한 선구자 중 한 명이다. 토크빌은 역사학, 사회학, 정치학을 섭렵한 위대한 사상가로서 1830년대 출판된 그의 역저는 광범위한 학문 영역을 총망라하였다. 그는 정치 제도의 선택이 한 사회에 널리 퍼져 있는 생활방식과 사고방식에 미치는 영향에 관심을 가졌다. 그 결과 토크빌은 특히 미국의 민주주의 체제와 상업·산업경영의 관계를 확립하였다. 그는 미국식 민주주의의 관점이 노동의 개념에 영향을 준다고 주장하였다. 이때의 노동은 어느 정도는 힘들고 어느 정도는 이득이 되지만 귀족사회의 노동처럼 어느 정도 고귀한 것이기도 하다. 그는 "모든 정직한 직업은 존경해 마땅하다."라고 말했다(1961, p. 212). 토크빌은 경제적인 측면의 분석을 완전히 배제하지는 않았지만 주된 관심사로 삼지도 않았다.

막스 베버(Max weber)는 다학제적으로 훨씬 더 방대한 연구를 했다. 그는 무엇보다도 전 세계의 주요 종교와 경제 발전의 양상 간의 관계에 흥미를 가졌다. 특히 베버는 서양의 특징적 제도인 이성에 기초한 자본주의 조직은 금욕주의 개신교 원칙이 그 근원임을 보려주려고 노력했다. 예를 들어 철저한 개신교도는 물질세계의 정복이 신에게 부여받은 과업이라고 확신했는데, 그런 확신은 그들이 기술적·학문적·행정적·법적 이성화의 시도에 전념하도록 하는 좋은 기반을 만들었다. 서양의 자본주의 조직은 그런 흐름에 속하며, 다른 분야와 마찬가지로 특히 회계라는 이성적 계산의 발전에 기초한다. 더 일반적으로 베버는 종교적 신념 그리고 그 신념과 관련된 도덕적 의무가, 행동을 구성하는 매우 중요한 요소 중 하나로 꼽히고 경제 형태의 '에토스(ethos, 윤리)'를 이룬다고 주장한다[1].

달리 말해서 자본주의 기업의 발전은 철저한 개신교도에게 의미를 부여했던 개신교적 표상에서 촉진되었다. 종교적 기준은 제도에 의미를 주듯이 개인의 행동에도 의미를 부여한다. 다시 베버의 업적을 살펴보자. 베버는 종교적 신념이 특정 경제 형태를 일방적으로 결정짓게 하는 원인이라고 보지 않았다. 오히려 개신교와 자본주의 간에는 '선택적 친화력'이 존재한다고 여겼다. 종교 윤리가 계산적이며 이성적인 행동의 출현에 좋은 환경을 제공했다고 보았다. 그러나 그런 생각은 그런 생각이 싹트기

---

1) M. Weber, *L'Éthique protestante et l'esprit du capitalisme*, Paris, Plon, 1964 (trad. franç.), avant-propos.

위해 호의적인 사회적·경제적 터전이 마련될 때만 그 역할을 수행한다. 다시 말해서 사회 변화의 역동성은 경제 체제의 구체적 방식과 종교적 확신에 해당하는 이념적 세계의 복잡한 상호 인과관계를 보여준다.

베버와 관점은 다르지만 크로지에 역시 관료주의 시스템[2])에 관한 그의 저서를 통해 경영의 문화적 분석을 실행한 선구자 중 한 명이다. 크로지에는 전략적인 조직분석의 창시자로서 관련자들의 제한된 합리성에 관한 연구에 중점을 두었다. 그는 1950년대 두 기업을 대상으로 한 경험주의적 연구에서 기능장애는 봉급생활자의 나쁜 의지나 무능함의 결과가 아니라 오히려 구조에서 야기된 이성적 전략을 각자가 추구한 결과임을 보여주었다. 전반적인 무능함은 체제에서 기인한 것이었는데 크로지에는 그 요소를 하나하나 분석하였다. 여기에서 우리의 관심을 끄는 것은 그가 프랑스, 미국, 당시 소비에트사회주의연방공화국(이하 소련)을 비교한 부분이다. 그는 프랑스, 미국, 소련의 관료주의가 각기 관련된 나라의 문화적 특징과 연결할 수 있는 서로 다른 기능장애로 고통을 겪고 있다고 간주하였다. 그 예로 우리는 프랑스와 미국에 관한 몇 가지 분석의 요소를 다시 한번 살펴

---

2) M. Crosier, *Le Phénomène bureaucratique*, Paris, Le Seuil, 1964, chap. 8.

보기로 하겠다.

　크로지에에 따르면 프랑스의 관료주의는 두 가지 특징이 있는데, 그것은 비공식적 활동보다는 공식적 활동이 우세하고, 이 두 가지는 분리되어 있다는 점이다. 이것은 이미 다른 저자들이 확인한 바 있는 프랑스의 문화적 특징에도 부합한다. 크로지에에 따르면 이렇게 분명히 확인된 특징은 프랑스 상황에서 중시되는 권위 개념과 결부될 수 있다. 이 개념은 '절대적' 권위이다. 즉, 누구와도 공유되지 않고 타협의 대상도 될 수 없다. 그런 권위는 그 자체만으로도 집단행동의 합리성을 보장해줄 수 있지만 '독재'와도 관련이 있다. 다시 말해 권위는 권력을 행사하는 사람의 자의성과 관련 있는 것이다. 그렇지만 프랑스 문화에서 개인이 독재에 순응하는 것은 부하직원의 존엄성과는 양립할 수 없는 맹목적 의존 관계에 빠지게 한다. 공식적 규칙의 제정과 각 계층의 분리는 절대권위의 개념과 개인적 의존의 거부를 타협시킬 수 있다. 다시 말해 조직 속에서 사람들은 규칙을 따르지만 인간의 변덕에 굴복하지는 않는다.

　게다가 계층 간의 특권을 위한 투쟁은 자신의 '독재'를 행사할 수 있는 영역을 소유하기 위해 각 계층의 노력을 반영한다. 요컨대 프랑스 관료주의의 특징은 권위 관계의 문화적 개념이 낳은 직접적인 결과이다. 프랑스 관료주의의 문제는 비개인적 규칙이 그것이 적용되는 장소와는 무관하게 만들어진다는 것이다. 이것은 환경의 변화에 조직이 점진적으로 적응하는 것을 불가능하게 한다. 이것은 만약 지도자가 공식적으로 많은 권력을 가진다면 지도자의 공식적 권력은 그들에게 종속된 집단에 비개인적 방식으로만 영향을 미치도록 한다. 그리고 이 과정에서 지도자는 다른 유형의 저항에 부딪힌다.

미국의 관료주의는 어떠할까. 이것은 우선 기능적 전문화를 기반으로 한다. 기능에 있어 정해진 한계 내에서 지도자는 강한 힘을 발휘한다. 부하직원은 동료의 저항을 받을 때가 아니라 위계질서가 법적 특권을 위반할 때 법적 규범에 따라 보호된다. 게다가 종속 상황은 조건의 근본적 불평등도 아니고 존경을 전제로 하지 않는다. 미국의 관료주의 체계에서 비개인적 규칙은 위협받은 존엄을 보호하는 것을 목표로 하지 않는다. 이 규칙의 확산은 특성화된 단위 간의 응집력 유지와 조정의 기술적 필요성에 따라 작동된다. 그래서 이 규칙은 본질적으로 갈등 해소의 절차가 된다. 크로지에에 따르면 미국식 관료주의의 약점은 권한의 자의적인 경계를 설정하는 것과 기능적 단위들 간에 의사소통하는 데 어려움이 있다는 점이다. 이 문제들은 일반적으로 복잡한 법적 절차에 따라 해결된다.

크로지에는 권위의 문화적 측면을 등한시했기 때문에 관료주의의 형태와 그 각각의 상황 간 관계를 깊이 파헤치지 못한 점을 유감스러워한다. 그는 차후 연구에서 자신이 펼쳐놓았던 유망한 길을 더 연구하지는 못했다. 그러나 관료주의라는 특별한 조직형태의 문화적 정착을 연구함으로써 여전히 선구자로 남아 있다. 그렇게 함으로써 크로지에는 개인적 행동과 제도의 기능을 문화적 토대에 연결하였다.

2. 에드워드 홀: 의사소통 체계로서의 문화

홀은 미국의 인류학자로서 1930년대부터 미국의 백인과 인디언 간의 상호문화적 관계에 관심을 가졌고 나중에는 국제적 차원의 상호문화적 관계에 관심을 가졌다. 1960~70년대 출판된 홀의 초기 연구에서 그는 문화적 차이를 설명하기 위한 개념을 발달시켰다. 그는 마지막 연구에서 이 개념을 특히 미국, 일본, 프랑스 그리고 독일의 경영관계에 적용시켰다.

홀은 문화를 가정에서 이뤄지는 초기 사회화 과정을 통해 인간이 태어나면서부터 주입된 무언의 행동 규칙의 총체라고 정의한다. 이런 이유로 그의 연구는 엄마의 목소리와 자신의 움직임을 일치시키기를 배우는 아기의 문화학습에 관한 미드(Mead)의 연구에 기반을 둔다. 홀은 행동의 관찰에 초점을 맞추어 문화결정주의적 개념을 개발했다. 예를 들어 문화는 우리에게 우리의 행동을 "명령"하고, 문화는 "우리의 제스처, 반응, 느낌까지도 프로그램화한다."라고 주장했다(Hall et Hall, 1990, p. 30). 그래서 사회적 상호작용 시에 이행해야 할 행동은 '행동의 고정관념화된 모형'에 기초한다. 만약 어느 한 사람이 무의식적인 규칙을 위반한다면 상대방은 '뭔가 비정상적인 일이 일어났구나.' 하고 느낄 것이다.

홀에게서 행동의 분석은 의사소통의 관점에서 특히 효과적이다. 달리 말하면 문화는 본질적으로 정보의 창조, 송신, 수신, 처리의 체계이다. 예를 들어 문화는 개인이 시간과 공간 같은 차원을 포함하여 그 주변을 지각하는 방식, 또는 개인이 언어적·비언어적 표현을 사용하는 방식을 결정짓는다. 이런 관점에서 홀의 연구는 다른 문화의 메시지를 해독하는 데 필요한 개념을 제공하고자 한다. 이 방법과 관련해서 홀은 주로 개인적 경험의 관찰에 의거한다. 일례로 그는 5년간 나바호족과 호피족의 보호 지역에서 행정관으로 일했다. 그는 다른 행정관과 마찬가지로 인디언과 면담했는데, 특히 국제적인 차원의 직무와 관련된 내용을 나누었다. 의사소통의 '습관적' 행동에 관한 그의 연구는 메시지의 세 가지의 숨겨진 차원인 맥락 관계, 시간 관계, 공간 관계로 압축될 수 있다.

고맥락과 저맥락

모든 의사소통은 마치 낯선 한 사회에 도착하여 신문을 읽는 모든 독자가 경험하는 것과 마찬가지로 맥락 속에서만 의미를 지닌다. 비록 언어가 글자 하나하나의 이해에는 장애가 되지 않는다 하더라도 말이다. 의미는 정보와 그것의 맥락의 결합에서만 나타난다. 다만 맥락을 참조하는 방식은 문화에 따라 다양하다.

따라서 홀은 문화를 고맥락과 저맥락으로 구별했다. 이는 명시적 정보가 어느 정도 축소됐는지에 따라서, 그리고 특정 상황에서 맥락에 대한 심화된 지식이 의사소통의 의미를 파악하는 데 필요한지 아닌지에 따라서였다. 고맥락 문화에서 개인 간의 긴밀하고 지속적인 관계는 개인이 암시적인 방법으로 의사소통을 하게 하는 공통의 참소기순을 만든다. 맥락에 관한 지식은 암묵적 발화내용을 대처하도록 해준다. 예를 들어 한 조직의 경영 규칙은 거의 알려지지 않지만 관련 구성원은 그 특정 환경에서 사회화됨으로써 규칙을 배운다. 마찬가지로 경영과 관련된 논의는 바로 '문제의 핵심'으로 들어가지는 않고 다양한 형태의 맥락을 언급한다. 반대로 저맥락 문화에서 대화자는 자신의 의도를 분명히 알리고 상세하게 수치까지 매겨가며 논쟁한다. 정보는 모호함을 피하기 위해 선택되고 조직화되며 제시된다. 논리적·연역적 추론은 사고를 표현하는 자연스러운 방법으로 나타났다.

사람들은 정보 처리상의 이런 차이가 어떻게 상호문화적 오해를 일으킬 수 있는지 잘 알고 있다. 그래서 홀은 미국인(저맥락 문화)은 일본인(고맥락 문화)의 아주 간접적이고 우회적인 방법에 불평한다고 말한다. 역으로 일본인은 각각의 추론적 요소가 명확히 밝혀진 논리적 주장은 '미국인'으로서 사고하려는 시도라고 여긴다(Hall, 1984, p. 78).

모노크론과 폴리크론

각 문화는 활동과 경험을 구조화하는 시간의 함축적 개념과 관련 있다. 개인은 그들의 문화에 따라 다양한 '시간적 언어'를 지닌다. 즉, 그들은 시간적 언어를 인식하고 사용하며 그것을 다르게 말한다. 홀은 두 가지 상반되는 시간 개념을 더 분명하게 구별하였다. 이것은 스펙트럼의 양극단을 이루는데 사람들은 모든 문화를 이 스펙트럼상에 배치할 수 있다. 그는 이 두 개의 축을 각각 모노크론(monochrone) 시간과 폴리크론(polychrone) 시간이라고 명명한다. 모노크론 체계에서 시간은 과거, 현재, 미래를 구별할 수 있는 지속적인 흐름으로 알려져 있다. 흐르는 시간의 과정은 사람들이 수치로 설명할 수 있기 때문에 거의 명백한 것처럼 보인다. 시간을 얻다 또는 잃다, 시간을 절약하다 또는 낭비하다, 시간은 돈이다와 같은 수많은 표현은 마치 메트로놈이 오케스트라의 지휘자에게 박자를 알려주듯 개인이 준수해야 할 구체적인 시간 개념을 손에 거의 잡힐 듯이 나타낸다. 이러한 시간의 선적 관점은 사람들이 정확한 활동을 할 수 있도록 시간을 구분하게 해 준다. 그래서 모노크론의 개념은 연속적으로 행해지는 업무의 엄격한 프로그래밍에서 나타난다. 이런 상황에서 작업의 형식적 분배와 결합 프로세스를 조직하는 것은 집단적 활동이 잘 전개되는 데 필수 과정이다. 회의는 세분화된 사람들 간의 정보를 공유하는 기능을 한다. 사람들은 의사일정(議事日程)이 지켜지고 진행 중인 활동이 방해받지 않길 기대한다. 모노크론 세계에서 시간엄수는 미덕이고, 시간을 지키는 것은 '제 시간에 도착하는 것'을 말한다. 홀은 "시간은 또한 상징적 방법으로 다루어진다."라고 설명한다. 예를 들어 사람들을 기다리게 하는 시간은 마치 자기의 시간을 정할 수 있는 자유처럼 지위와 책임의 표시이다.

폴리크론 시스템에서 시간은 덜 구체적인 방법으로 다뤄진다. 왜냐하면 여기에서 시간은 개인에게 부과되는 자율적인 선적 차원이 아니기 때문에 그것은 발생하는 사회적 사건과 분리되지 않는다. 그래서 폴리크론적인 사람은 여러 가지 사건에 연루되는데 특히 동시에 다양한 관계에 연루된다. 여기에 폴리크론 체계의 핵심이 있다. 여기에서 중요한 것은 미리 정해진 프로그램에 순응하는 것보다는 소셜 네트워크에서 개인의 참여와 교류의 조화로운 흐름이다. 순응은 시간 때문이 아니라 부모나 친척의 요구에 따른 것이다. 따라서 약속은 취소되거나 연기될 수 있다. 이들 프로젝트는 진행 상황에 따라 지속적으로 변할 수 있다. 게다가 자신의 순서를 기다리는 사람은 화를 내지 않는다. 왜냐하면 자기 주위의 일 속에 자신이 포함되어 있기 때문이다. 폴리크론적인 사람은 일로써 다른 사람과 많이 연루되어 있고 계속해서 연락을 취해야 한다고 느낀다. 상호적 지식은 정서적인 경영 관계에서 매우 발달된다.

일반적으로 시간 관계는 조직 체계와 의사소통 체계를 결정짓는다. 왜냐하면 행동은 개업과 과업에 각각 부여된 중요성을 보여주기 때문이다. 이런 시간 조직은 상황에 따라 한 관계 속에 포함된 신호일 수도 있고 한 프로그램을 거부하는 신호가 될 수도 있다.

문화적 공간학

인간의 상호작용에서 개인 간의 신체 거리는 의사소통에 사용된다. 가령 사람들이 서로 가까운 거리에 있다면 이는 친밀한 관계임을 나타낸다. 반면 공공장소에서 모르는 사람끼리는 서로 거리를 두고 있을 것이다. 공간을 사용하는 방법에 관한 연구는 공간학의 대상이다. 시간상의 관계와 마찬가지로 공간상의 관계도 문화적으로 구성된다. 따라서 상호작용에 적합한 대인(對人) 간의 거리를 정의하는 방법은 문화적 상황에 달려 있다.

그래서 사람들은 보이지 않는 물방울을 각 개인 주위에 그림으로써 공간의 경계를 정할 수 있다. 다른 사람에게는 이 공간에 접근히는 것이 금지되어 있다. 그 공간의 크기는 관계의 속성이나 문화의 속성에 달려 있다. 따라서 정상적인 것으로 간주되고 서로 모르는 두 사람이 상호작용에서 편안하게 느낄 수 있는 거리는 북미보다는 남미에서 더 가깝다. 상호작용의 거리가 더 가까운 체계에서 성장한 사람은 의사소통하기 위해 상대방에게 가까이 가려는 경향이 있다. 반대로 북미에서는 낯선 사람과 대화할 때 정상적인 거리를 유지하려고 노력한다. 홀에 따르면 물방울 속으로의 침입이 생생하게 지각되고 그것이 공격성을 띤다고 여겨지면 상호문화적 만남은 어려움에 봉착한다. 직접적인 개인 간의 관계를 넘어서, 공간의 사용 특히 물리적 환경의 배열은 사회적 관계를 나타낸다. 예를 들어, 독일에서 작업 공간은 관리자에게 넓은 개인 공간을 확보해 주고 그들의 지위를 나타낸다. 반면, 스칸디나비아에서는 계급 관계의 평등 개념이 반영되어 이런 공간이 부각되지 않는다.

우리가 지금까지 설명한 세 가지 문화적 구성요소인 상황·시간·공간 관계는 독립적이지 않다. 과업보다는 관계에 중점을 두는 문화의 폴리크론적 특징은 고맥락과 관련이 있다. 고맥락은 암시적 교류를 이해하게 하는 배경을 이루는 밀접한 관계망을 의미한다. 이 같은 관계적 조직망은 공간과도 잘 부합한다. 사람들은 이 공간에서 쉽게 왕래하고 가까운 거리를 유지한다. 반대로 폴리크론 문화에서처럼 한꺼번에 일을 처리하는 것은 필연적으로 맥락을 빈약하게 만들고, 의사소통에서 고차원적인 언어적 설명을 요구한다. 마찬가지로 선형(線形) 시간의 정확한 구분에 따라 분류된 활동은 구획화된 물리적 공간에 쉽게 포함된다. 그래서 우리는 스펙트럼의 한 극단에는 고맥락과 개인 간의 가까운 거리를 가진 폴리크론 문화가 있고, 다른 한 극단에는 저맥락과 개인 간의 먼 거리를 가진 모노크론 문화가 있다고 구분할 수 있다. 각 문화는 이 축의 어떤 지점에 위치해 있다. 어디에 위치하는지를 좀 더 정확하게 결정하도록 해주는 것은 지배적 행동의 관찰이다.

홀의 공헌을 종합해 보면, 그의 연구는 1960년대부터 1980년대까지의 미국 상황에서 의사소통 방법의 보편성, 특히 비즈니스 협상과 관련해서 널리 공유된 가정을 다룬다는 장점이 있다고 요약할 수 있다. 홀은 개인적 행동에서 문화의 중요성을 강조한다. 그는 많은 예를 들면서 개인의 행동을 설명하고 형식화함으로써 벤저민 워프(Benjamin Whorf)와 같은 다른 연구자가 이미 연구한, 그리고 다른 연구자들에 의해 지속된 문화적 차원을 다루었다. 하지만 그의 연구는 특히 이론적 측면에서는 모순과 한계를 보여준다.

먼저, '문화결정주의의 가정과 일본인에 대한 그의 주장을 어떻게 양립시킬 수 있을까?' 하는 것이다. 문화결정주의에 따르면 문화는 행동을 결정하고, 그 문화적 지배는 너무 강해서 외부로부터 조작될 수 없다는 것이다. 이 가설은 한 문화의 고유한 행동 모형에 관심을 갖는 것을 정당화한다. 반면에 그의 연구 중 일본인에 대한 주장은 그들끼리는 폴리크론적이고, 외국인에게는 모노크론적 태도를 취한다는 주장이다. 말하자면 일본인은 제2의 천성처럼 여겨진 자신의 문화에 상당한 지배를 받으면서, 분명히 강제적이지 않은 상태에서 특정 환경에 반대되는 문화적 층위를 채택한다는 것이다. 이것이 과연 가능할까?

일반적으로 문화를 행동의 규범으로 정의한다고 해서 개인행동의 다양성을 설명하거나 이해할 수 있는 것은 아니다. 홀은 폴리크론과 모노크론의 시스템 내에서 개인이 사회 집단과 환경에 따라 다른 의사소통방법을 사용할 수 있음을 설명할 수 있는 '특정 상황의 역할'을 강조한다. 그는 문화가 맥락과 어느 정도 관련되어 있고, 행동의 추상적 규범을 설명한다고 결론 내렸다. 만약 그가 수차례 개인의 특징과 그 개인이 처한 상황의 속성을 구별하더라도, 이 두 측면 간의 혼동은 남아 있을 것이다. 경영계를 다룬 그의 저서에서 관리자의 일반 행동은 특정 상황이 제시되지 않은 채 소개된다. 가령, '독일인은 완벽주의자이다', '미국인은 열심히 일하고 성공하는 것을 찬양한다.' 등3)이 그러하다. 그렇지만 정확한 상황 제시가 없는 그런 일반적인 주장은 경험에 의해 곧 반박을 받는다.

다음으로, 동일한 문화의 소속이라는 동질성의 문제는 언급되지 않았다. 문제는 예컨대 저자 홀이 '전의식'의 수준, 즉 독자로서는 파악하기가 어려운 수준에서 '모노크론은 남성이고, 폴리크론은 여성이다.'4)라고 말할 때 제기된다. 그렇다면 같은 국가의 남자와 여자는 다른 문화에 속하는가? 좀 더 전반적으로 볼 때, 홀이 주장하였듯이 상호문화적 긴장을 해소하는 실제적 목표는 확고한 이론적 기초보다 더 중요하다5). 그는 문화 간의 관계 개선을 위한 투쟁가임을 자처한다. 이 실용적 계획은 대화자의 문화에 따라 해야 할 또는 금지해야 할 행동 목록을 그의 저서에 제공하도록 했다. 그런데 텍스트의 흐름에 따라 관찰된 행동(그들은 ~이다, 그들은 ~한다), 예상된 행동(그들은 ~해야 한다,

---

3) E. T. Hall et M. Hall, *Guide du comportement dans les affaires internationales*, Paris, Le Seuil, 1990.

4) E. T. Hall, *La danse de la vie. Temps culturel, temps vécu*, Paris, Le Seuil, 1984, p. 66.

5) *Guide du comportement*, *op. cit.*, p. 23.

~하는 것은 필요하다), 가치(그들은 좋아한다, 그들은 싫어한다)와 의미작용(말하자면 ~입니다)의 중첩으로 이론적 결함이 나타난다. 만약 이들 요소가 연결된 것이 명확하다면 이들의 결합은 문화가 무엇인지, 경영에서 문화와 관련된 것은 무엇인지를 더 잘 이해하기 위해 분명히 해야 한다.

3. 호프스테드의 연구

1960년대 중반에 여러 나라의 경영자와 직원의 가치와 태도를 체계적으로 비교하기 위해 대규모 설문조사가 진행되었다. 호프스테드의 주도 아래 이루어진 이 연구는 50개국 이상의 IBM사의 직원 10만 명을 대상으로 한 설문조사로 이루어졌다. 설문의 문항은 직무의 만족, 위계관계 속 기대 지각, 직무와 관련된 개인적 목표 등에 관한 것이었다. 응답자가 같은 회사 소속일 경우, 기업 문화 또는 직업 문화의 특수성과 관련된 편견은 제한하고, 국가적 차이를 드러내는 것은 제한하지 않았다.

이런 방법은 '이 나라에 사는 사람들이 가진 평균적인 신념과 가치'로서의 문화 개념을 근거로 한다. 호프스테드에 따르면 이런 문화적 특징은 '개인의 정신적 프로그램화'로 표출되기 때문에 중요하다. 달리 말해서 한 문화의 구성원은 특정 상황에서 특별한 행동을 유도하는 가치 시스템에 영향을 받는다. 이러한 가치 시스템은 또한 정부의 형태, 법과 교육 제도, 종교단체나 기업의 경영 방식 같은 국가 제도의 근간을 이루고 있다. 따라서 호프스테드의 연구는 각국의 조직상 목록을 만듦으로써 가치를 기준으로 국가 문화를 정의하고 조직들 특히 기업에 미치는 영향을 알아내는 것이었다. 호프스테드는 문화를 기술하는 4가지 차원으로 설문 결과의 통계 처리를 구성하였다(Hofstede, 1980). 그는 나중에 그의 모형에 5번째 차원을 추가하고(Hofstede, 1991). 민코프(Minkov)가 개발한 또 다른 2개의 차원도 인정하게 된다 (Hofstede et al., 2010).

기본적 차원

첫 번째 차원은 한쪽 끝에는 개인주의 사회를 두고 다른 쪽 끝에는 집단주의 사회를 위치시키는 것으로 개인 간의 관계와 관련 있다. 개인주의 사회에서 각 개인은 타인과 느슨한 관계를 유지한다. 다시 말해 개인은 자신의 이익과 직계가족의 이익에 신경을 쓴다. 이 사회에서 사람들은 개인의 자율성과 자유에 가치를 부여하는데 이 자율성과 자유는 성인과 관련된 것이다. 반대로 '집단주의' 사회에서 개인 간의 관계는 더욱 밀접하다. 개인은 한 공동체(확대 가족, 부족, 마을) 가운데서 태어나고, 여기에 충성을 다해야 한다. 개인은 집단의 의견과 이익을 따르기 때문에 위협을 받는 경우에는 집단의 보호를 받는다.

두 번째 차원은 한 사회에서 수용되는 권력의 격차를 나타내는 '위계상의 거리'이다. 물질적·지적 불평등은 부와 권력의 불평등으로 나타날 수 있고, 한 세대에서 다른 세대로 전수되는 경향이 있다. 이런 차이를 수용하는 일부 사회는 계층 간의 거리가 멀지만, 반대로 이 간격을 줄이려고 하는 다른 사회는 계층 간의 거리가 가깝다.

세 번째 차원은 미래에 대한 불확실함의 수용 정도를 나타내는 '불확실성의 통제'이다. 사회는 인간의 본성, 운명 및 예측 불가능한 행동과 관련된 불확실성을 어느 정도 견딜 수 있을까? 불확실성을 회피하거나 강하게 통제하는 일부 사회는 자연재해의 영향을 제한하는 기술적 장치, 행동을 규제하는 법률 그리고 미래의 비전을 제시하는 광범위한 의미에서의 이데올로기로 불확실성에 미리 대비하려고 한다. 불확실성을 허용하는 다른 사회에서 개인은 알 수 없는 미래를 위협적이라 느끼지 않으므로 그것을 통제하기 위한 제도적 장치도 거의 마련하지 않는다.

네 번째 차원은 '남성적' 사회와 '여성적' 사회의 대립과 관련된 것이다. 이런 차원은 한 사회에서 남녀 간 역할의 사회적 구분을 다룬다. 소위 여성적 사회는 남녀에게 동일한 역할을 하도록 하지만 남성적 사회는 전적인 여성의 역할과 전적인 남성의 역할로 구분한다. 여기에 호프스테드는 '남성적' 사회는 가시적인 것의 실현이나 금전적 이득 또는 위대함 같은 '전통적으로 남성적'인 가치에 젖어 있다고 주장한다. 반면에 여성적 사회에서 남녀는 삶의 질에 관한 걱정, 개인적 관계에서 오는 염려, 연대감 및 겸손에 기울이는 관심 같은 '전통적으로 여성적'인 가치로 형성된다고 주장한다.

 4가지의 기본적인 차원에 추가된 다섯 번째 차원은 한 사회의 단기적 또는 장기적 지향성과 관련 있다. 그것은 1980년대 중반 마이클 해리스 본드(Michael Harris Bond)가 이끄는 홍콩의 연구자 그룹이 실행한 중국의 가치 목록에서 생겨났다(Hofstede, 1991; 2002). 이 목록은 중국의 가치가 서양의 시각에 익숙한 가치와 부분적으로만 일치할 뿐임을 검증해 주었다. 호프스테드는 이전 설문조사에서 맹점으로 남아 있는 이러한 가치들을 통합하기 위해서 새로운 차원을 규정하였다. '장기적 지향성'은 인내심, 서열 정립과 이 질서의 준수에 따른 관계의 범주화, 절약과 수치심 느끼기와 관련되어 있다. 반대로 단기적 지향성은 안정성과 개인적 일관성, 모든 상황에서 '체면'에 쏠리는 관심, 전통과 사회적 의무 존중, 인사치레, 호의와 받은 선물 되갚기의 상호성과 관련되어 있다. 서양적 관점에서 이런 차원을 정의하는 기준을 통합하는 것은 간단한 일이 아니다. 그러나 홍콩 연구자에 따르면 요소들이 이쪽 끝에 있든 저쪽 끝에 있든 간에, 이 모든 요소는 공자의 가르침을 그대로 가져온 일관된 가치의 총체를 이룬다. 두 양극단의 차이는 시간적 지향성이다. 예를 들어 인내와 절약은 미래 지향적 태도를 보이는 가치를 나타내고, 반면 전통을 존중하는 것은 과거 지향적 태도를 나타낸다. 달리 표현해보자면, 이 다섯 번째 차원은 중국철학의 사상에 따라 장기 지향적 측면과 단기 지향적 측면을 대립시킨다. 민코프(Minkov, 2007)의 연구에서 비롯된 마지막 두 개의 차원은 관대한 문화와 엄격한 문화를 대립시키고, '기념비적' 문화(집단적)와 개인적 신중함(개인적)의 문화를 대립시킨다. 마지막 두 개의 차원을 구체적으로 보지는 않겠지만, 호프스테드에 따르면 이들의 존재만으로도 각 문화의 특징을 더 잘 이해하기 위해 초기 모델이 보완될 필요가 있음을 보여준다.

초기에 정의된 차원들은 각국을 다른 국가와 관련지으면서 각국에 하나의 지표를 부여하도록 한다. 예를 들어 프랑스는 강한 개인주의(지표 71), 위계상의 먼 거리(68), 불확실성의 회피(86) 그리고 중간 정도의 남성우월주의(43)와 장기 지향적인 성향(39)을 보여준다. 미국은 매우 강한 개인주의(91), 비교적 짧은 위계상의 거리(40), 불확실성의 허용(46), 상대적으로 강한 남성다움(63) 그리고 단기 지향적 성향(29)을 보여준다. 호프스테드에 따르면 수치는 그 자체로 가치를 지니지 않고 단지 다른 수치와 관계 속에서만 의미를 지닌다는 사실을 강조한다. 이런 차원으로 연구된 국가들의 배치는 국가 간의 재편성과 20여 개의 커다란 문화권을 구별하는 유형론을 제시한다. 이 문화권에는 라틴아메리카, 동남아시아, 아프리카, 아랍, 앵글로·색슨 국가, 스칸디나비아 국가, 독일어권, 프랑스어권 등이 있다.

조직들에 대한 결과

각 축 위에 있는 국가들의 위치는 조직 구조와 적합한 경영 방법을 보여주는 다양한 결과를 나타낸다. 여기에서 우리는 각 차원의 몇 가지 예만 살펴보겠다.

개인주의 사회에서 경영자는 자신의 이익과 자신이 이행해야 할 의무에 따라 영향을 받는다. 마찬가지로 그는 주어진 일의 수익과 그가 가진 개인적인 실현 가능성으로 그의 팀원을 이끌어 나간다. 반대로 '집단주의' 사회에서 경영관리는 집단에서 나타나는 현상이고 회사를 위하는 직원의 충성심은 강하다. 그 대신 직원(피고용자)은 기업의 보호받기를 기대한다. 감정적인 관계는 매우 중요한 역할을 한다. 사람들은 상대방에게 '체면 살려주기'를 허용하면서 자신이 소속된 집단의 의무를 완수하려고 노력한다. 사람들 간의 조화로움을 추구하는 것이 개인적인 실현보다 더 중요하다.

위계질서가 강한 사회에서 조직은 강한 중앙집권화를 보여주고 권력 행사는 독재적인 경향을 보이며 사회적 이동은 제한되어 있다. 이와 같은 엄격한 권력 구조에 반발하여 조합들은 급진적이고 강한 계급투쟁이념으로 무장하게 된다. 위계질서가 약한 국가에서는 사회적 이동이 더욱 활발하고 지위가 낮은 사회계층과 조합원들은 예컨대 공동경영구조의 경제 체제로 통합된다. 경영은 참여 형태에 해당하며 어떠한 관리의 특권도 자명한 것은 없다.

불확실성의 회피 성향이 약한 사회에서는 방법의 위임이 강요되고 위험 부담은 더 인정을 받는다. 책임자는 그들이 관리하는 분야에서 전문가가 될 필요는 없고 규율은 실용적 이유로 어겨질 수 있다. 반대로 불확실성의 회피 성향이 강한 사회에서는 규율 같은 계급 구조는 지켜져야 한다. 이 위계적 구조는 오랜 경험이 있는 책임자에게 막중한 지위를 부여한다. 위임의 관행은 권력의 엄격한 통제를 수반한다. 달리 표현하면 합리적 관료주의 조직은 불확실성을 관리하는 특별한 방식이다. 이 조직은 정해진 공식적 업무를 기반으로 하고 사건들은 미리 정해진 공식에 따라서 발생한다.

남성성이나 여성성은 남녀 간의 직업과 업무 분배에서, 이를테면 개인의 동기화 근원에서도 직접적으로 반영된다. '남성' 사회에서 개인적 성과와 경쟁은 봉급생활자의 행동의 원동력이 되며, 반면 '여성' 사회에서 개인 간의 연대와 좋은 관계의 유지는 행동의 방향을 결정하게 한다. 끝으로, 강한 장기 지향성을 띤 국가의 기업은 즉각적 이익을 내기보다는 시장에서 그들의 입지를 공고히 하려는 경향이 있다. 반대로 단기 지향적 문화에서는 통제 시스템이 단기적 성과에 초점을 맞추고 있다. 마찬가지로 장기 지향적 문화에서 개인적 네트워크는 삶을 위해 획득한 자본으로 간주되고 어떤 결정도 이런 지속적 관계의 특징을 위협하면 안 된다.

이와 같은 각 축에 대응하는 한 문화의 위상은 해당 문화에 속하는 기업의 행정 과정에 직접적으로 반영된다.

기여와 한계

상호문화적 경영이라는 분야의 상당 부분은 당시 경영계에
널리 퍼져 있던 문화집중가설에 대안적 관점을 제시한 호프스테
드의 공헌으로 이뤄졌다. 그는 자신의 연구를 '패러다임 변화'의
주춧돌이라고 자칭했다. 이것은 경영계의 전통적 보편주의를 상
대주의적 관점으로 대체하는 것이다. 그의 저서들은 청중에게
상당한 인기를 얻었다. 그것은 주로 방법론적 형식주의에 빠져
있었던 연구자들의 지지를 이끌어 낸 인상적인 연구 방식 덕분
이었다. 호프스테드는 이처럼 국가 문화와 조직 형태, 경영 방법
및 직장에서 행동 간의 긴밀한 관계를 수립함으로써 연구 영역
을 정당화했다. 문화를 설명하기 위한 4개의 차원, 나중에는 5개
의 차원으로 이루어진 호프스테드의 모델은 그의 연구를 검증하
거나 확장하고자 하는 다른 연구자들에 의해 널리 계승되었다.
특히, 트롬페나스(Tompenaars, 1994)와 슈바르츠(Schwartz, 1999)는
사회를 특징짓기 위해 각각 7개의 차원[6]과 7개의 가치[7]를 제안
하면서 호프스테드의 모델을 수정하였다.

---

6) 보편주의/특수주의, 집단주의/개인주의, 중립관계/감정관계, 특정문화/분산문화,
성취/지위, 연속적시간/동시적시간, 자연통제주의/자연순응주의.
7) 보수주의, 지적 자율성, 감정적 자율성, 계층 구조, 평등주의, 지배, 조화.

그러나 성공에는 또 다른 이면이 있다. 호프스테드가 자신의 결과를 신중하게 다룬 반면에 많은 교육자나 연구자는 뉘앙스를 고려하지 않은 채 호프스테드가 기존에 말한 차원을 파악하였다. 이와 관련한 많은 연구가 이어졌는데 거기에서 그 차원들은 수정되고 본래 호프스테드가 생각한 것보다 훨씬 더 결정론적인 방법으로 검토되었다.

다른 연구자가 호프스테드의 생각을 받아들이거나 그것을 축소한 것을 가지고 호프스테드를 비난할 수는 없지만, 그 접근방식은 본질적인 한계에 직면할 수밖에 없었다. 이런 연구의 확산과 영향에 상응하는 많은 비평가가 호프스테드의 접근방식에 여러 가지 결함이 있음을 지적했다. 여기에서 우리는 사용된 방법론적 장치와 관련된 비판들을 되풀이하지는 않겠다. 이 비판들은 예컨대, 단지 한 기업에서 수행된 연구를 국가 문화적 차원으로 일반화한 점이나(Palmade, 1993) 연구 대상과 관련된 문제의 표명과 선택의 적절성에 관련되어 있다(d'Iribarne, 1996). 우리는 호프스테드 스스로가 강조한 형태의 접근방식의 한계점만 고려하고자 한다. 가장 중요한 한계는 하나의 문화와 관련된 수치가 특정 개인의 행동을 예측하도록 하지 않는다는 것이다. 왜냐하면 이것은 통계적 평균이기 때문에 이 수치는 일반적인 대상에만 적용될 뿐이다. 이 수치들을 살펴보면 상당한 행동의 분산이 관찰된다. 그래서 우리는 이런 문화적 유형학이 소수의 다른 문화권 출신을 고용하는 기업의 책임자에게 어떤 도움이 될 수 있는지 자문해 볼 수 있다. 호프스테드 역시 어떠한 측정방법도 한 문화를 아주 섬세하게 설명할 수는 없음을 인정한다. 사실 한 차원에 있어 한 국가의 상대적 입장은 마치 '불확실성 회피' 또는 위계적 관계로 불리는 개념과 참조기준이 그 문화권에서 고안된 방식에 대해서는 아무것도 설명하지 못한다. 차원에 따른 구분은 문화의 내적 일관성을 간과하게 한다. 다시 말해 이런 문화를 가진 사람의 상징적 개념에 이르게 하는 것은 축 위에 있는 일련의 좌표가 아니다. 역설적으로 각 문화는 그 문화의 특성 속에서 파악되어야 한다는 것을 가정하는 상대주의적 주장을 옹호하기 위해 호프스테드는 '보편주의적' 차원을 사용한다. 달리 말해 특정 작업 환경에서 부하직원을 대우하는 적절한 방법 같은 개념의 질적 차이는 다소 먼 '위계적 거리'와 같은 정도의 차이를 통해서만 평가될 수 있으며, 이는 합법적 형태의 다양한 권력 행사를 인정하지는 않는다.

본 장을 결론지으면서, 우리는 경영계에서 문화 간의 비교에 대한 관심은 다양한 학문적 수준과 상당한 양의 연구 업적을 야기했다는 사실을 다시 한 번 강조하고자 한다. 다양한 유형의 몇몇 선구자는 큰 반향을 야기하지 않고 연구의 길을 열어주었다. 경영 분야는 관리자의 행동과 조직 형태의 동일화에 초점을 맞춘 보편주의적 사고로 지배되었다. 상호문화적 경영의 연구는 에드워드 홀과 특히 호프스테드의 연구로부터 시작되었다고 할 수 있다. 그 후 이 분야는 상당히 발전하여 3가지 유형의 공헌이 공존하게 되었다. 홀이 상징적 저자로 간주될 수 있는 첫 번째 유형은 다소 공식화되고 다소 규범적인 통합을 나타낸다. 중요한 것은 경영인이 자신의 행동을 상대방에게 적응시키는 것을 돕기 위해서 한 문화 내에서 가장 널리 퍼진 행동과 실행을 기술하는 것이다. 연구의 두 번째 범주는 호프스테드의 접근방식과 같이 설문지를 기초로 하여 문화를 체계적으로 비교한 것과 관련된다. 연구자들은 보편적이라고 여겨지는 차원에서 다른 문화와 관련하여 문화를 배치시키려고 노력한다. 이 범주에는 60개국 이상에서 가치 있는 리더십의 형태를 결정하기 위해 1990년대에 실시된 대규모 연구가 포함될 수 있다(GLOBE 프로젝트[8]). 이상적 리더의 타입은 1만 5000명의 경영자가 모범적인 지도자를 묘사하기 위해 주어진 21개의 구성요소로 분류되면서 국가별

---

8) GLOBE(Global Leadership and Organizational Effectiveness).

로 정의되어 있었다[9]. 다음 장에서 살펴볼 연구의 세 번째 범주는 해석적 접근방식으로 문화의 심층적 이해가 필요하다.

---

9) 설문에 응했던 관리자는 구성요소를 선견지명, 영감을 주는, 자기희생적, 결정적, 성과 지향적 등 같은 중요한 순서에 따라 분류해야 했다(House et al., 1994).

제3장 해석적 접근방식

제3장 해석적 접근방식

상호문화적 경영의 해석적 접근방식은 앞장에서 소개했던 접근과 같은 목표를 갖고 있다. 이 접근방식은 본질적으로 문화가 경영 방법에 미치는 영향을 이해하여 이 실행을 지역적 상황에 잘 적용하고자 노력했다. 반면에 해석적 접근은 이 장의 첫 부분에서 보여주듯이 그들이 갖고 있는 문화와 그 정의에서 구별된다. 이것은 또한 이를 사용하는 연구 방법에서 앞선 연구와 뚜렷이 구분되므로 우리는 그것을 두 번째 절에서 소개하기로 한다. 다음으로 우리는 이 연구가 경영의 문화적 상황과 상호문화적 집단의 역동성을 이해하는 데 기여한 것은 무엇인지를 살펴보기로 하겠다. 마지막으로 우리는 이런 연구가 나아가는 시도, 특히 문화 영역의 문제와 신흥국가 개발의 문제를 해결하기 위한 몇 가지 종합적 시도를 제시하고자 한다.

1. 의미 체계로서 문화

여기에서 우리를 흥미롭게 하는 접근방식은 필리프 디리반 (Philippe d'Iribarne)과 그를 추종하는 연구자들에 의해 20여 년 전부터 발달된 것이다. 문화는 상징적 인류학의 관점과 비슷한 관점에서 이해된다. 즉, 문화는 에드워드 홀의 연구에서 보여주는 전형적인 행동이나 호프스테드의 연구에서 보여주는 사람들의 평균 가치를 가리키는 것이 아니라 해석의 과정을 가리킨다.

공유된 의미 체계

의미의 상황적 접근방식은 문화를 공유된 의미 체계로 정의한다(d'Iribarne, 1989). 여기에서 공유된 것은 사회상황을 해석하기 위해 사용되는 체계이지 의미 그 자체는 아니다. 사실 사회는 개인적 의견의 만장일치나 사고의 융합으로 특징지어지지 않고 행동의 단일성으로는 더욱 아니다. 모든 사회 체계를 조금만 살펴보면 이런 설정들은 근거가 없음을 알게 된다. 왜냐하면 의견이 다양할 수 있고, 단지 정치적 성향에 따라서도 각자의 반응이 특별할 수 있기 때문이다. 문화는 사람들이 동일한 사회적 현실에 가치를 부여하는 것이라고 이해한다 하더라도 구성원이 지니고 있는 가치의 단일성으로 특징지어지지 않는다(d'Iribarne, 1998). 반대로 문화는 사회 상황을 판단하기 위해 동원된 기준과 개념의 공유에 기초한다. 예를 들어 '순수성'의 개념이 인디언 문화를 구성한다고 주장하는 것은 인디언이 사회생활에서 내리는 판단에 이 참조기준이 상당히 중요하다는 것을 의미한다. 이것은 모든 인디언이 무엇이 순수한 것인지에 동의함을 의미하지는 않는다. 그러나 순수함과 불순함의 구별은 모든 사람에게 의미가 있고, 이것은 주로 이런저런 사회적 상황을 판단하는 데에 널리 적용될 수 있다는 것을 의미한다. 상반된 의견은 순수함에 대해서는 같은 참조기준을 기반으로 할 수 있다. 비록 그 의미가 우연한 개인적 결과물이라 하더라도 그것을 만드는 데 도움이 되는 범주는 문화적 공동체 내에서 공유된다.

근본적인 두려움의 참조기준

디리반(d'Iribarne, 2008)에 따르면 의미의 카테고리는 개개인을 위협하는 특정한 위협과 그 위협을 피하게 해 주는 구원의 방법을 대조하는 근본적 참조기준에서 비롯된 것이다. 각 사회는 이처럼 지배적인 두려움으로 나타난다. 예를 들어 프랑스의 문화적 상황은 힘이나 이익 앞에서 굴복하면서 비굴한 조건에 따라 줄어들거나 약해지는 두려움을 기반으로 한다. 반대로 구원의 방법은 어떤 희생을 치르든 간에 자신보다 더 권력 있는 사람 앞에서 대담무쌍한 저항으로 자신을 더 높이는 것이다. 공동의 이익을 위해 용감하게 나서는 것은 개인적 이익을 취할 목적에서 타인에게 복종하는 비열함과 대조된다. 미국에서 본질적인 두려움은 자신이 자기 운명의 주인이 되지 못하는 것, 달리 말하면 모든 외부의 의지를 핑계 삼아서 자기가 해야 할 일을 기피하는 것이다. 모든 권력은 잠재적으로 자의적이고 과도한 것으로 여겨지는 경향이 있고, 그 권력을 제한하기 위해 강력한 장치가 필요하다. 이는 개인의 자유를 보장하기 위해서이다. 다른 많은 지배적인 두려움은 인도의 타락에 대한 두려움이나 중국의 무질서에 대한 두려움 같은 다양한 문화와 관련될 수 있다.

의미작용의 연쇄

두려움의 상황과 구원의 길의 대조는 각 사회에서 모범적인 인물을 등장시키고 바람직한 행동을 고취시키며 비난받을 만한 행동을 공격하는 신화로 표현된다. 건국 신화는 역사 전반에 걸쳐 연속적 이야기에서 구현될 수 있지만 정해진 원형(선악) 대립에 근거한다. 예를 들어 디리반(d'Iribarne)에 따르면 두려움이나 이익 앞에서 순종하지 않고 개인적 이익을 넘어서는 대의를 내세워 용감하게 저항하는 프랑스적 대립은 무대에 자주 등장하는 다양한 역사적·문학적 등장인물 속에서 구체화된다. 예를 들어 베르생제토릭스(Vercingétorix), 잔 다르크(Jeanne d'Arc), 장 물랭(Jean Moulin)은 자신의 생명을 희생하기까지 최고의 권력에 맞서서 끈질기게 저항했다. 이들은 이러한 저항을 찬양하는 공통 구조에 변수처럼 나타난다. 절망적인 상황에서도 맞서는 용기는 굴복의 비굴함보다 낫다. 어휘의 풍요로움은 상반되는 두 가지 기본적 경험을 설명하고 감탄 또는 경멸 같은 감정을 표현하도록 한다. 예를 들어 프랑스어는 한편으로는 하층민의 시시하고 품위를 떨어뜨리는 것, 비천하고 가치를 떨어뜨리며 저속한 것을 나타내고, 다른 한편으로는 귀족적이고 고급스러운 것, 존경할 만하고 고상한 것을 나타낸다. 굴복하고 굽히는 것은 저항하고 거부하며 인내하는 것과 대조된다.

그래서 '의미작용의 연쇄'는 근본적 두려움, 구조적 대립, 신화 속에 등장하는 대표적 인물과 이 근본적인 경험을 설명하는 데 적합한 어휘와 표현들도 연결한다. 따라서 사람들은 무엇이 바

람직하거나 부당한지를 암묵적 기준으로 평가하고 존경받을 만
한 인물을 규정지을 때도 특별한 관점을 전달하는 기본적 장면
을 참조하여 평가한다.

의미 체계에서부터 정치문화 체계까지

사회통합의 보장을 위해 모든 사회는 권력 행사, 협동조합 조
직, 갈등관리 방법을 실행해야 한다. 그렇지만 이 방법은 보편적
인 것이 아니며 여기에서 받아들여지는 방법은 다른 곳에서는
용인될 수 없는 것으로 여겨진다. 지역적으로 우세한 두려움은
실행의 수용 가능성을 평가하기 위해 명시적 또는 암시적인 참
조기준으로 매번 사용된다. 그래서 프랑스 상황에서 독재권력은
거기에 굴복하는 사람을 함축하는 비굴함이라는 명분으로 불합
리하다고 여겨진다. 독재권력은 굴복하는 사람이 명령 앞에서
복종하는 하수인으로 전락하고 그 결과 그들의 품위가 실추되었
기 때문에 거부된다. 미국 상황에서 독재권력은 그것이 영향을
미치는 사람들의 자유의지를 박탈하기 때문에 불법이다. 미국에
서 권력은 그것이 합의에 따른 것일 때만 합법적이다. 아시아적
상황에서 강한 권력은 그것이 영향을 미치는 사람들을 보호해줄
때 더 잘 수용될 것이다. 무질서에 대한 두려움은 강한 권력의

중앙집권화를 정당화할 수 있지만 그 대가로 해당 권력에 호의적 행동을 요구할 수 있다.

요컨대 정치적 문화를 기술하는 것은 그 사회의 지배적 두려움에 의거해서 한 사회 속에서 사람들을 지배하는 수용 가능한 형태를 확인하고, 그들의 해석을 지배하는 의미작용의 연쇄를 확인하는 것이다.

정치문화와 경영

일반적으로 사회에서 인간관계의 조직을 명확히 해 주는 참조 기준은 기업에서 인간관계에 의미를 부여하는 데에도 동원된다. 이들 기준은 노동의 분배와 조합의 구체적 형태, 권력 행사의 방식, 갈등 해결의 과정을 발전시킨다. 이것은 사회에서 시행 중인 통치 형태 같은 개념에 비추어 볼 때 의미를 갖는다. 한 기업의 직원은 그가 입사할 때 함께 사는 좋은 방법의 개념을 전혀 모르는 것이 아니며, 경영 활동을 해석하는 것과 관련된 정치문화를 이미 갖고 있다. 게다가 거듭 강조하지만 문화적 상황은 인간의 지배 형태만 기계적으로 이끄는 것이 아니라 다양한 위계 관계의 형태에 의미를 부여한다. 같은 나라에서 기업 문화의 다양성은 한 사회에서 작용하는 사회적 관계의 다양함을 반영하여 조직 내에서 직업 관계의 합법적 형태의 정도를 보여 준다.

정치문화의 일관성과 안정성

모든 사회는 몇몇 형태의 규제와 행동, 의견의 형태가 반복적으로 나타난다 하더라도 다양한 형태의 사회적 관계와 나아가 개인적 행동과 의견의 다양성과 연관될 수 있다. 반대로 비록 사람들이 사회적 관계가 참조하는 표상과 행동의 기반 논리, 서로 대립되는 의견 논쟁에 관심이 있다 하더라도 공동체 구성원이 같은 의미 세계를 공유하고 있다는 것은 밝혀지기 마련이다. 그래서 프랑스 상황에서 대화자들은 고귀함의 개념에는 동의하지 않을 수도 있지만 사람들이 가치 있게 여기는 것이 고귀하게 된다는 사실은 인정할 것이다. 예를 들어, 공공 기관에서 일하는 사람에 대해 사무원이라는 평가절하된 이미지부터 공공복지 서비스에 참여하는 사람이라는 아주 고귀한 이미지까지 여러 가지 견해가 있다. 이는 개인의 판단을 넘어 직업의 고귀함의 기준은 모든 사람에게 의미가 있음을 보여준다. 정치문화의 단일성은 의견, 개인의 행동, 사회 조직 형태의 단일성으로 나타나지 않고 이 모두를 지지하는 의미 세계의 일관성으로 나타난다.

개인적 차원에서 사회적 상호작용 상황의 복수성은 얼핏 보기에는 한 사람의 이율배반적인 행동을 나타내지만 그가 반드시 복수성 자체와 모순되는 것은 아니다. 한 정치문화에 소속된다는 것은 자신의 행동의 해석에 도움이 되는 참조기준의 영속성 내에서 의미를 지니는 것이지, 이 행동의 불변성에서 의미를 지니는 것은 아니다.

제도적 차원에서 어느 특정 순간에 제도 형태의 다양성은 이미 강조되었기 때문에 형태들이 겪는 변형은 정치적 문화의 연속성을 문제 삼지 않았다. 정치문화의 기반이 되는 대립 체계는 상당한 안정성을 보여준다. "그래서 귀족과 서민의 대립은 프랑스 문화에서 매우 의미 있는 역사로 남아 있다. 비록 무엇이 귀족적이고 무엇이 서민적인지에 관한 정의가 아주 다양하지만 말이다. 일반적으로 문화적 연속성은 사회조직의 진화적 특징과 전혀 양립할 수 없다. 이 문화적 연속성은 이런 사회조직이 그 조직보다 훨씬 더 안정적이라는 기준들 속에서 의미를 지닌다는 사실과 일치한다."(d'Iribarne, 1993, p. VIVII)

정치적 문화의 존재가 관행의 획일성 또는 영속성을 의미하는 것은 아니지만 이것은 그 어떤 정치문화도 허용하지 않는다. 정확히 말하면 의미 체계는 각각의 특별한 상황에서 합법성을 판단하게 하는 참조기준을 제공함으로써 행동을 결정짓는다. 의미 체계는 모든 다른 표현을 없애면서 일종의 구체적 표현을 가능하게 한다. 사회적 형태의 이질성과 그것의 진화를 넘어, 정치적 문화의 단일성은 의미 세계와 전체 생산물 간의 일관성을 기초로 한다.

2. 민족지학적 영감의 방법

우리는 여기에서 해석적 접근방법의 지지자가 다룬 연구방법을 구체적으로 살펴보지는 않을 것이다. 디리반(d'Iribarne) 역시 "문화의 점진적 이해는 거의 합리화될 수 없고, 아마도 막연한 과정"(d'Iribarne, 1998, p. 329)이라고 기술하였다. 그렇지만 어떤 정교한 방법도 문화시스템을 일관적으로 파악하는 데 도달하는 것을 반드시 보장하지는 못하기 때문에 주요 원칙을 제시하는 것은 필요하다. 이를 위해 자료 수집뿐만 아니라 자료 분석에 있어서도 진일보하기 위해서 유리한 조건이 마련되어야 한다.

현장

자료 수집은 연구 집단을 대표하는 표본 관계자들과 현장 인터뷰로 이루어진다. 기업의 경우, 전통적으로 다양한 위계상의 계층과 다양한 서비스 분야의 대표를 포함한다. 연구자들은 그들이 회사에서 일하는 구체적 방법을 질문한다. 예를 들어 그들의 업무를 수행하는 데 필요한 절차, 다른 사람과 함께 협력하는 방법, 갈등 해결 방법 등을 실행하는 것과 관련된 것이다.

인터뷰는 자신의 업무에 의미를 부여하기 위해 응답자들이 사용하는 문화적 기준에 대해서 미리 생각한 가정 없이 개방적 방법으로 이루어진다. 특히 주의해야 할 부분은 면담 대상자의 이야기를 그들의 고유한 용어로 수집하는 것과 그들이 언급하는 상황을 이해하고 그들의 이야기를 맥락 속에서 파악하는 것이다.

현장 연구가 끝나면 연구자는 협력이 어느 정도 효과적으로 이루어졌는지, 인력 동원이 어느 정도 잘 이루어졌는지 등을 나타내는 담화 자료를 확보하게 된다. 이 자료는 작업장 운영, 새로운 경영 방법론의 실행이나 계획의 진행 같은 제한된 노동 상황 속에서 사람들의 다양한 관점을 재현하는 하나의 단행본으로 모아졌다. 이 자료는 분석의 출발점을 이룬다.

분석

  분석의 목적은 행위자(면담자–피면담자)들이 작업 상황에 의미를 부여하기 위해 사용하는 구조적인 범주와 대립을 보여주는 것이다. 이들 지표는 전체적인 담화의 기반이 되지만 대개의 경우 암시적으로 작용한다. 이것은 모든 발화에 무의식적으로 적용되는 문법 규칙처럼 내재화되어 있다. 이때 화자는 형식상의 규칙을 의식적으로 적용하려는 노력을 하지는 않는다. 유추를 계속해 보자면 문화적 분석은 한 사회 내부에서 지속적으로 은연중에 동원되는 해석 규칙의 개요를 만들고자 하는 것이다. 해석 규칙의 개정은 상호문화적 비교로 이뤄진다. 해석 규칙의 불일치를 명백하게 보여줄 수 있는 것은 바로 이 두 가지 영역의 의미 대립이다. 외국인 화자의 문법 실수가 틀린 문법 규칙을 상기할 수 있는 기회인 것처럼, 예기치 못한 해석은 양측 관련자의 의미 체계의 요소를 밝히는 데 도움이 된다. 특히 기업 경영에서 상호문화적 작업 상황으로 야기된 혼란은 각 문화의 문화 지표를 드러나게 하는 데 유용하다. 그것이 면대면 상호문화적 만남에 관한 것이든지, 혹은 다른 곳에서 만들어져서 그 어떤 표상을 만들어낸 문화적 맥락에서 매우 두드러진 표상을 가진 경영 방식의 도입에 관한 것이든지 말이다. "사람들은 자신의 행동과 자신의 언어로 새로운 방식에 반응한다. 이때 그는 무엇의 이름으로 반응하는지, 반드시 의식하지는 않으면서 습득된 것으로 여기는 것이 무엇인지, 그의 판단을 결정하는 것이 무엇인지, 그가 집착하는 것이 무엇인지를 드러내 보여준다. 생소한 이국적인 실행 방법에 반응하면서 그는 그의 반응의 기초가 되는 것 중에서 새로운 실행을 함에 있어서 문제가 되는 것이 무엇인지 보여준다."(d'Iribarne, 1998, p. 340) 문화적 관점에서 볼 때 동일한 작업 환경에 관한 연구에서와 같이 덜 우호적인 경우에는 상호문화적 만남을 구성하는 것이 연구자와 현장 간의 상호작용이다. 연구자는 그의 눈에 생소한 행동과 정당화를 찾아내고 그것들의 기반이 되는 논리를 이해하고자 한다.

어쨌든 연구자는 보고된 사실에 얼마나 충실한지에 비췄을 때 발언의 사실성보다 그것들을 설명하기 위해 사용된 표현에 더 관심을 갖는다. 상호 화자가 무엇을 찬성하고 비난하는지를 고려하여 무엇에 중요성을 부여하는지를 판단하는 것이 중요하다. 앞서 강조했듯이 정치문화의 특징은 의견의 통일성이 아니라 그 의견을 배양하는 개념 체계 자체에 있다. 의견의 불일치를 넘어 판단의 근거가 되는 것은 무엇인가? 기본적인 지표에 접근하는 것은 계속된 분석으로 특정한 상황에 속하는 것과 일반 규칙에 속하는 것의 구분을 요구한다. 동일한 현장에서 설명된 상황이 다양하면 다양할수록 비교하기 위해 사용될 수 있는 상황의 경우도 많아지고 보편적인 것과 특수한 것을 식별할 수 있는 가능성도 더욱 높아진다. 이러한 이유로 과정이 전개되고 연구자가 비교의 기준을 지니게 됨에 따라서 그 과정은 더욱더 풍부해진다. 새로운 현장 상황은 새로운 정치문화를 이해하는 것뿐만 아니라 이미 다른 현장에서 수집한 정보를 새로운 시각으로 바라볼 수 있게 해준다. 정치문화의 이해가 더 심화되는 것은 이런 의미에서이다. 또한 사례의 증가는 본질적으로 기존의 분석을 인정하거나 변경하도록 해준다. 그와 함께 사례의 증가는 일반화의 가능성을 높여준다. 예를 들면 여러 현장에서 확립된 합법적 권위의 개념과 자유의 개념 간의 관계는 어느 곳에서든 권위의 개념이 자유에 대해 갖는 집착의 형태와 관련 있다는 가정을 세우게 해 준다(d'Iribarne, 2002).

분석이 진행됨에 따라 정치문화에 고유한 것처럼 보이는 범주가 체계적으로 구성된다. 결국 정치문화의 분석은 연구자가 느끼는 낯선 감정 또는 익숙하지 않은 것에 대한 관련자의 반응부터 개념의 정립에까지 도달하게 해 준다. 여기에서 개념의 정립이란 연구자와 내담자에게 의미를 부여하고, 더 일반적으로는 사회에서 사는 방법에 의미를 부여해 주는 것이다.

3. 경영의 국가적 맥락

이러한 연구 흐름의 공헌을 살펴보기 위해서는 이 분야의 시초라 할 수 있는 저서 『명예의 논리(*La Logique de l'honneur*)』 (d'Iribarne, 1989)를 출발점으로 해야 한다. 앞서 거론된 바 있는 이 저서는 사회에서 인간관계의 조정 형태 같은, 사회의 기업 내부에서 작동되고 있는 조정 형태와 대응이라는 가정을 제기한다. 기업이 가진 고유의 경제적·기술적 차원이 특정한 권위 관계 또는 갈등을 해결하는 독특한 방법을 초래한다면 그러한 특이한 방법은 정치문화에서도 마찬가지이다. 정치문화는 인간 관리체제가 중요시되는 모든 사회영역에서 적용되기 때문이다. 정확히 말해 『명예의 논리』는 프랑스, 미국, 네덜란드 간 사회적 관계의 얼개를 명확히 해준다. 디리반은 우선 각 나라에서 한 공장의 구체적 경영 방식을 분석한 후 실행 중인 사회적 규제 모델의 특징을 분석하고, 그 후 이로부터 적절한 경영 방법을 이끌어 내었다. 세 개의 공장은 한 기업에서 3개의 자회사에 해당되며 같은 유형의 생산 활동을 한다. 우리는 여기서 각 국가의 문화적 맥락의 핵심 요소와 조사된 각각의 공장에서 나타난 방식을 살펴보기로 한다.

명예의 논리

이 책의 제목은 프랑스 식 경영 상황을 가리킨다. 프랑스 사회는 중세시대 이래로 분리된 계층으로 조직화되어 있다. 계층 자체도 시간의 흐름에 따라 변화를 겪었다. 성직자, 귀족, 노예의 위계질서는 구체제(Ancien Régime)하의 귀족, 부르주아, 평민이라는 계층으로 대체되었다.

이러한 계급제도에서 상위계층에 속한 사람에게는 하위계층에 해당하는 활동을 함으로써 품위를 떨어뜨리는 것을 금지했다. 예를 들어 상거래 활동은 귀족에게 전혀 어울리지 않으며 귀족의 품위를 떨어뜨린다. 프랑스대혁명은 과거에 존재했던 계급 신분을 외형상으로는 폐지했지만 계층화된 사회 집단으로 조직화된 사회의 근본적 개념을 제거하지는 못했다. 귀족 집단으로 신분 상승은 오늘날 더는 출신에 따라 결정되지 않고 '능력주의' 체제에 따라 결정된다. 이 능력주의는 관련된 사람이 받는 교육과정의 높은 수준이 요구하는 사항과 본질적으로 관련이 있다. 따라서 그랑제콜 입학시험은 선별성이라는 특징을 통해 기업에서 가장 높은 직책을 얻게 하는 통로를 열어준다.

귀족과 하층민 간의 대립은 각 사회 집단에서 개인의 위치를 지배할 뿐만 아니라 각 집단 내의 사회적 관계까지도 지배한다. 암묵적인 기준을 이루는 특권계급과 마찬가지로 각각의 계급은 관례에 따라 일련의 권리·의무와 관련된다. 이 권리와 의무를 준수하는 것은 명예에 걸맞은 조건이다. 연구가 이루어진 프랑스 공장에서, 디리반은 일련의 권리와 의무에 따라 관리되는 여러 집단을 구별한다. "각각의 신분은 특정 신분에 속한다는 사실만으로 그 구성원에게 강요하는 많은 책임감이 주어진다. 특정 권위자나 영향력이 있는 사람이 그 책임을 부과하기를 기다릴 필요도 없다. 각 신분에는 실행해야 할 많은 의무가 있고, 더구나 모든 법적 또는 계약상의 의무 그리고 그 과업을 회피하는 사람을 위협하는 형식적 제재들이 있다."(p. 58) 따라서 기업에서 권력의 행사는 관련자가 같은 직위에 속하느냐, 다른 직위에 속하느냐에 따라 다른 형태를 띤다. 같은 직위에 속하는 경우 우리는 동료이거나 우리는 비슷하다고 할 수 있다면, 다른 직위에 속하는 경우에는 관련된 계급 간의 위계질서가 서로의 거리를 더 멀어지게 한다. 프랑스적 상황에서 위계적 관계는 항상 동일한 범주를 구성하는 것이 아니다. 상급자와 부하직원 간의 관계에서 나타나는 직위의 유형에 따라 서로 다른 관계를 포함하는 범주로 구성된다. 권력의 해석 역시 해당 책임자가 그의 '사회적 신분'에 부합하게 처신하는지, 또는 어울리지 않게 처신하는지에 따라서 달라진다. 그가 주어진 신분에 맞지 않게 처신하는 경우라면, 그는 '어리석은 지도자' 또는 '엄격한 감시인' 또는 다른 방식의 경멸적인 이름으로 불릴 것이다. 신분 간의 위계에서 대표자가 자격을 갖추고 있을 경우에만 높은 계급의 대표자에게 특별한 경의를 표하게 된다. 그러나 위계는 하위 신분의 보호와 독립 역시 보장한다. 대표자나 책임자가 그의 부하직원의 특권에 간섭하는 것은 잘못된 일이다. 각 계급에 부여된 권리와 의무는 개개인에게 책임의 영역을 규정한다. 그 영역은 형식적 절차에 따라 봉급자에게 부여된 전체 업무에 해당하는 것이 아니라 그가 무엇을 해야 하는지 또는 하지 말아야 하는지에 관한 이해에 해당한다. "각자는 규정에 구애받지 않고 자신의 개인적 판단에 따라 그것을 따르거나 그것을 그냥 내버려 둔다."(p. 23) 프랑스적 상황에서 자신의 일을 잘 수행한다는 것은 자기가 속하는 범주에서 정해진 의무를 잘 완수하는 것을 뜻한다. 개인이 자신의 직업에서 느끼는 인상은 자신의 행동을 이끈다. 각자가 스스로 해야 한다고 생각하는 일을 한다면 조정의 문제는 불가피하다. 저자가 확인한 바에 따르면, 연구 대상 공장에서 사람들의 계급이 아닌 그들이 유지하는 개인적 관계의 특질과 연관된 비공식적 조정은 이러한 문제의 일부를 해결하게 해준다. 누군가를 개인적으로 아는 것은 가장 중요한 문제를 부차적인 것으로 만들면서 다른 부서와 관계를 더 원활하게 한다. 이렇게 제공된 서비스는 아주 상당한 수준의 협력까지도 하게 한다. 사실 갈등은 폭력적인 방식으로 자주 표출된다. 언어적 폭력은 각자가 자신의 의견을 고집한다는 것과 자신의 일에 적응하는 정서적 관계를 증명한다. 갈등의 해결은 중재의 의무에 기반을 두고 있다. 중재의 의무는 상대방과 좋은 관계가 아니라 하더라도 자신의 직위를 지키기 위해 넘지 말아야 할 경계선의 지각을 포함한다. 사실 자신의 이익이나 최소한의 권리를 지키기 위해 무의미한 갈등을 지속하거나 공공의 이익을 해치는 것은 저속해 보인다. 특히 그 상황이 심각해지면 더욱더 그러하다. 중재의 원칙에 따라 합의에 도달하지 못하면 상급자의 중재력이 발휘된다.

프랑스 계열사(계급의 의무, 비공식적 조정, 중재 의무, 책임자의 중재력)에서 강조되는 다양한 형태의 사회적 규제의 이면에는 무엇이 귀하고 무엇이 귀하지 않은지에 관한 반복적인 참조기준이 있다. 미국 계열사에서는 노동관계가 완전히 다른 참조기준과 함께 할 때 의미를 지닌다.

계약의 논리

미국 사회는 최초의 이민 공동체에 의해 설립되던 당시에 사회를 지배한 정신을 계승하고 있다. 1620년 청교도 상인들은 새로운 사회의 근본적인 개념을 드러내는 창립 선언문을 작성했다. "우리는, 상호 간 엄숙한 동의에 따라 신 앞에서 우리를 정치적 사회 조직으로 만드는 데에 합의합니다. 그 목적은 우리 스스로를 통치하고 우리 계획의 완수를 위해 노력하는 데 있다. 그리고 이 계약의 명목하에 법률, 조항, 조례를 공포하고 필요에 따라 치안판사를 두어 이에 복종과 순종할 것을 약속한다." 미국 사회는 계약 관계에 따라 결합된 평등한 사회로 인식되며 각자는 그 사회에서 발견되는 관심에 따라 자유롭게 거래 참여 여부를 결정한다. 계약의 개념이 핵심이며 상업적 관계는 사회적 유대감에 의미를 부여하기 위한 참조기준이 된다.

따라서 기업에서 위계상의 관계는 고객과 공급자의 관계와 같다. 각각의 부하직원은 고객이 자신의 기대하는 바를 나타내는 것처럼 달성해야 할 목표를 결정하는 상사를 '위해' 일한다. 그리고 고객은 그들에게 제공되는 것을 평가할 수 있듯이 상사는 수행된 작업을 관리할 수 있는 권리가 있다. 책임을 지는 것은 종속 관계의 필수적인 요소이다. 누군가에게 다른 사람의 요구 사항에 복종하도록 명하는 계약은 프랑스 사회에서 다른 신분 간에 존재하는 위계질서 같은 필수적이고 결정적인 위계질서를 유발하지는 못한다. 계약이라는 제한된 범위 내에서 누군가가 다른 누군가를 위해 일한다고 하더라도 본질적으로 두 시민 사이의 평등을 침해하지는 못한다.

하지만 어떤 계약은 일부 조건이 준수될 때만 의지의 자유로운 합의를 보장한다. 예를 들면, 당사자들의 협상력이 명백하게 불균형일 때 불공정한 조항으로 이어질 위험이 있다. 바로 이러한 이유 때문에 미국의 경영계는 「독점 금지법」이나 「노조의 권리 보장법」 같은 강자와 약자 사이의 균형을 회복하기 위한 여러 가지 장치를 개발하였다. 계약의 형평성은 협상 순간에 작용하지만 그 계약의 적용 순간에도 마찬가지로 작용한다. 그래서 관련자의 정직성과 계약 조항을 철저하게 준수하는 것이 촉구된다.

프랑스 상황에서 계약은 글자 그대로의 뜻이 아니라 정신을 고려하는 단순한 상업 수단으로 간주되는 반면, 미국 상황에서 계약은 행동을 이끌어주는 역할을 하므로 정확하고 엄격히 준수되어야 하는 신성한 참조기준으로 간주된다. 이러한 관점에서 미국 공장은 아주 정교한 일련의 규칙과 절차에 따라 규제되는 것처럼 보인다. 예를 들면 근속 연수에 따라 봉급자를 임명하는 원칙에는 여러 세부사항이 동반된다. 만일 두 명의 직원이 같은 날에 고용된 경우 우선순위를 결정하는 것은 이름의 알파벳순이다. 설령 입사 이후 이름을 바꾼 사람이 있다 해도 입사 당시의 이름이 기준이 된다. 일반적으로 공정성은 계약을 적용함에 있어서 자의성을 제거하는 것과 연결된다. 계약은 명료하고 제한적인 계약사항을 최종적으로 확인한다. 이 약속을 잘 준수하는지의 평가는 가능한 한 객관적인 기준에 근거한다. 연구가 이루어진 회사에서 불공정해 보이는 간부 배치의 결정은 최대 5단계의 항소와 사법적인 절차 때문에 어려움을 겪을 수 있다. 다시 말해 처우의 형평성을 판단하기 위해 이번 사례와 이전 사례에서 증거를 수립하는 것이 필요하다. 우리는 여기서 미국 사회 전체의 사례에서처럼 절차적 또는 법률상의 예기치 못한 일탈이 기업의 경영활동에 영향을 미치는 것을 볼 수 있다. 그러한 일탈은 다른 근본적인 개념이 사회적 유대의 계약적 표상을 완화하지 않는다면 틀림없이 더욱 가중될 것이다.

앞서 봤듯이 미국 사회의 창시자는 매우 종교적이고 도덕적인 기준으로 살아 움직이는 독실한 상인이었다. 그들은 엄격한 도덕적 원칙에 바탕을 둔 충실한 사람들의 공동체를 만들었다. 따라서 이민자에게 보장된 자유는 제멋대로 행동하는 자유로 여겨진 것이 아니라 정당하고 옳은 것을 할 수 있는 자유로 여겨졌다. 사회의 세속화가 종교적 기준을 그다지 중요하지 않은 위치로 밀어냈다 하더라도 도덕적 공동체의 개념은 근본적인 참조기준으로 계속 유지되어 왔다. 도덕적 공동체의 개념은 새로운 기관들 특히 기업에서 중시되었다. 동일한 공동체에 속한다는 것은 고용주가 직원을 동반자로 대우한다는 것을 의미한다. 다시 말해서, 공동체 내부에서 역할은 개개인에게 할당된 직무에 따라 구별되지만 그 조직은 지위의 계급구조에 근거하지 않는다. 비록 의사 결정권이 확실하지 않다 하더라도 이 결정권을 행사하는 사람은 각 구성원에게 표출된 의견에 관심을 갖고, 채택된 결정을 설명할 수 있어야 한다. 기업을 공동체로 간주한다는 것은 직원이 공유하는 도덕적 가치를 공동체가 전달하는 것을 의미한다. 각 개인의 행동의 올바름은 기업과 개인을 연결하는 계약 이행을 포함하여 공동체의 온전함을 보장한다. 이런 의미에서 기업의 계획과 기업의 도덕적 가치를 부각시키는 윤리적 헌장은 합법적으로 보인다. 프랑스 상황과 달리, 미국적 의미 상황은 이익과 도덕을 모순된 것으로 보지 않는다. 특히 계약 이행에서 도덕적 가치를 존중하는 것은 기업의 명성에 기여하고 사업의 성공에 이바지한다(d'Iribarne, 2002). 그래서 공동체와 계약은 미국 기업에서 실행 중인 경영 방법에 의미를 부여하기 위해 연결된다.

합의의 논리

네덜란드 공장에서 관리자는 특별한 지위나 무조건적인 결정의 자유도 누리지 못한 채 직원의 불평을 듣고 이해하며, 설득하고자 하는 데 대부분의 시간을 할애한다. 비록 관리자가 직원처럼 자신과 관련되는 차원의 결정은 할 수 있다 하더라도 그 결정에 영향을 받는 모든 사람과 상의하지 않고서는 그런 결정을 내리지 못한다. 역으로, 각 직원은 자신이 한 일에 관해 설명할 책임과 의무를 수용한다. 네덜란드 공장의 경영 방식은 인내심을 요하는 토론으로 합의를 얻어내려고 꾸준히 노력하는 데 기반을 둔다. 이러한 토론은 관점의 표명과, 객관적인 자료를 최대한 활용하는 냉철한 설명이 특징이다. 이처럼 사실적 데이터에 반복적으로 의존하는 특징을 지닌 실용주의는 현명한 타협을 이루게 해준다. 이러한 조직 구성은 네덜란드의 정치적 삶을 지배하는 메커니즘을 상기하게 한다. 국가는 그 기원에서부터 여러 주 사이의 합의와 타협으로 구성되었다. 각 주(province)는 투

표권이 부여된 한 명의 대표자가 있었고 중요한 결정을 위해서는 만장일치가 필요했다. 제도적 형태가 처음부터 진화했음에도 불구하고 합의에 따른 민주주의 원칙은 지속되며 표면화되고 있다. 이는 사회를 구성하는 여러 집단 간의 엄격한 평등을 꾸준히 강조함과 동시에 특정 집단이 다른 집단을, 혹은 다수가 소수를 지배하는 것에 거부함으로 이뤄진다. 사회의 '기둥'인 각각의 이익집단은 발언권을 얻고 계약을 맺는 데 참여한다. 조율 절차는 모든 곳에서 이루어지며 협상은 객관적인 데이터를 기반으로 한다.

확실한 사실에 관한 합리적 토론을 바탕으로 합의를 도출하겠다는 이상은 그 실행에 있어 장점만 있는 것은 아니다. 기업의 차원에서는 합의에 도달하기 위한 집단의 강한 압박과 공격성에 대한 거부는 예컨대 높은 결근율과 인사 교체율로 측정할 수 있는 위축된 태도로 표현된다. 오해 때문에 합의에 도달하지 못하는 것을 두려워하는 것과, 타협을 하지 않는 사람을 배척하는 것은 위협 요소로 간주된다. 마찬가지로 예상치 못한 상황의 발생 시, 방향을 변경하기 어렵다는 점은 모든 이해관계자와 합의를 도출하는 데 필요한 시간과 불가분의 관계에 있다. 모든 사회에서 그렇듯이 특권이 있는 규제 방식은 특정한 예상 밖의 변화

를 가져온다. 네덜란드의 경우 공동체에서 각 개인의 역할을 존
중하고 사실을 중요하게 생각함으로써 서로를 이해하는 의무는
경영행위가 의미를 갖는 특별한 상황을 구성하는 데 필요한 것
임에 변함이 없다.

정치문화의 목록

『명예의 논리(*La Logique de l'honneur*)』에 소개된 세 국가 이외에
다른 문화권도 해석적 관점에서 연구의 대상이 되었다. 이 연구
프로그램에 따라 점진적으로 밝혀지는 의미 세계의 다양성을
간략히 설명하기 위해 우리는 다양한 유럽 국가의 분석을 참조하
고(Segal, 1997; 2009b; d'Iribarne et al., 1998; Globokar, 1990; 1995;
Globokar et al., 1990; Chevrier, 2009), 아프리카(Henry, 1991; 1998;
Yousfi, 2005), 중동(Yousfi, 2006), 아시아(d'Iribarne, 2009) 등 여러
국가의 분석도 참조한다. 세부사항을 살펴보기보다는 연구 방법
을 요약해 보겠다. 연구 방법은 정치문화의 목록을 작성하고 그것
을 구별하는 것을 이해하며 그 요소들이 어떻게 역사에 뿌리내렸
는지 분석하는 것으로 구성된다. 이를 촉진시키는 가정은 하나의
집단으로 여겨진 국가나 사회의 다양한 수준에서 동일한 형태의
규제를 발견한다는 것이다. 저자들은 이러한 대응 관계를 반복적

으로 확인하고 이처럼 되풀이되는 관찰로부터 가정의 타당성을 추론한다. 이제 각 개인의 사회적 규제가 어떻게 재현되는지를 확립해야 한다. '각 개인은 이러한 규제 방식에 어떻게 사회화되는 것인가?' 이 연구는 읽기 교수법이 아동의 사회화에 미치는 영향을 분석하는 것으로 착수되었다(de Bony, 2003). 디리반은 네덜란드의 사례를 연구하면서, 읽기 교육은 단순한 기술의 학습을 넘어서 아동이 집단의 공동체적인 개념을 유기적으로 구성하는 방법을 통합하는 기회임과 동시에 개개인의 강한 자기 표명임을 밝혔다. 구체적으로 공동체로 간주되는 수업 내에서 아동의 치밀한 사회적 상호작용과 문화의 목록표는 새로운 문화권, 특히 아시아 지역의 연구 차원에서 추가적인 작업이 필요하다.

4. 정치적 문화의 만남

여러 저서(d'Iribarne et al., 1998; d'Iribarne, 2008, 2009; Segal, 2009a; Chevrier, 2012)는 『명예의 논리』에서 시작된 다양한 문화와 이론적·방법론적 형식화라는 계속적인 탐색 작업을 하고, 특히 상호 문화적 만남의 관점이라는 새로운 관점을 덧붙인다. 실제로 각 상황에서 실행 중인 해석의 논리를 밝히는 순간, 우리는 이 논리들의 대조가 어떻게 전개되는지 자문할 수 있다. 따라서 해석적 접근법은 상호문화적 경영의 문제에 새로운 관점을 제시하는데, 이는 프랑스인이 다른 나라 출신의 동료와 일하게 되는 사례의 분석에서 출발한다. 우리는 여기서 한 가지 사례만 언급하려고 하는데, 이는 국제적 노동 환경에서의 '문화적 충격'의 본질을 명백히 밝히고자 함이다.

결정하기란 무엇을 의미하는가

자동차를 설계하는 공동 프로젝트에 프랑스 회사와 스웨덴 회사의 엔지니어와 전문가가 모인다. 프로젝트를 완성하는 데는 여러 기술적 선택에 있어서 그들의 합의를 요구하는데, 이는 어려운 일이다. 두 기업의 전략 같은 요소는 관점의 불일치로 설명될 수 있다. 하지만 당사자들의 이야기를 분석해 보면 '결정하기란 무엇을 의미하는가'의 개념 그 자체는 공동 작업을 위태롭게 한다. 정확히 말해서 프랑스 상황에서 결정은 기술적 합리성을 정당화하는 선택처럼 이루어진다. 결정은 일종의 기술적 이상에 가까워질수록 더 좋은 것처럼 보이는 것이다. 이때 기술적 이상은 계산이나 수치상의 정보에 따라 우리가 이해할 수 있는 것들이다. 따라서 선택하기 전에 이루어지는 토론은 설전(舌戰)으로 여겨진다. 그런데 설전에서 펼쳐지는 주장은 기술적 차원의 합리성에 비춰 평가된다. 또한 설전이 끝난 후에는 그 기술적 이상에 가장 가까운 해결책을 선택하게 된다. 실제로 결정은 위계에 따라 인정되거나 내려지는데, 위계의 개입은 각 직무의 제한된 합리성을 뛰어넘는 포괄적 합리성의 이름으로 정당화된다.

스웨덴의 상황에서 결정은 당사자들 사이에 인내심 있게 구성된 합의를 최종 승인한다. 각 전문가가 자신과 관련된 분야에서 각자의 의견이 있다 하더라도 합의를 도출하기 위해서는 타협해야 한다. 게다가 합의는 명성 있는 자동차란 무엇인가에 대한 명확한 표명 같은 가치의 의견일치로 가능하다. 따라서 결정은 다양한 관점을 주의 깊게 듣거나 타협으로 이뤄진 협상으로 내려진다. 여기서 우리는 동일한 결정 과정 중에 타협에 이르기 힘든 각자의 주장을 단호하게 옹호하고자 하는 설전과 각자의 관점 중에서 중도(中道)로 여겨진 공통의 해결책을 끈기 있게 만들어가는 것을 합의하는 어려움을 예상할 수 있다. 문제는 사람들이 옹호하는 기술적 선택도 아니고 결정의 합법적 과정 같은 개념도 아니다. 그 결과는 한 쪽 사람이 기술적 최적화를 포기하고 정치적 결정을 내린 다른 쪽 사람을 비난하며, 다른 쪽 사람은 집단적으로 이루어진 선택에 끊임없이 문제를 제기하는 상대방을 비난한다. 관련자들이 다양한 결정 방법의 관찰에 따라서 스스로 문화적 차이를 거론하지만, 상대방의 실행 기초가 되는 개념의 일관성이나 신성함을 명확하게 인지하지는 못한다는 것에 유의해야 한다. 상대방이 하는 방법이 익숙지 않다 하더라도 한 쪽의 의미 상황을 감안하여 받아들일 수 있다. 이들은 준비되어 있고, 익숙해지는 것을 배운다. 그러나 이국적 행위가 근본적 규칙의 위반처럼 여겨질 때는 어떻게 해결할 것인가?

결정을 함에 있어서 드러나는 것 같은 문화적 차이는 계급제도에서도 드러날 수 있고 협상, 품질, 더 일반적으로 전체적인 경영의 개념에서도 드러날 수 있다.

5. 종합적 관점

활용된 현장 조사는 광범위한 연구의 사례를 제공했고 이 사례들은 경영 행위의 관점을 결정하는 정치문화의 이해를 가능하게 했다. 사례의 축적과 사례의 비교는 어떤 가설을 세울 수 있도록 해 주는가? 저자들은 가능한 한 문화 유형론에 관해 첫 번째 일련의 결론을 내리고(d'Iribarne, 1998, 2000), 이를 기초로 후진국의 경제발전에 어울리는 새로운 관점을 제안한다(d'Iribarne, 2003).

문화 유형론

각 기업의 사례는 조직의 경영 방식이 불가피하게 제기하는 문제를 해결하기 위한 방법 중 특별한 기법을 보여준다. 부하직원의 지위와 존엄성을 어떻게 조화시킬 것인가? 부하 직원에게 적대적 감정의 희생자라는 느낌이 들지 않게 하면서 비생산적인 행동을 어떻게 비판하고 제재할 것인가? 이 특별한 방법은 각국가 고유의 방식으로 계급과 존엄성을 연결하는 표현법이다. 이처럼 위계적 관계에 관한 미국식 개념은 계약에 있어서 상호합의는 관련자가 순응하는 규칙이 자유롭게 정해졌기 때문에 각 당사자에게 위엄을 유지할 수 있도록 규정한다. 프랑스 상황에서 존엄성은 한 계층이 다른 계층의 특권을 존중하는 것으로 나타난다. 자신의 계층에 속해 있는 개개인은 계급구조의 압박에 따라서라기보다는 해당 직업의 관습적 규칙에 따라 이끌린 일을 수행한다고 생각할지도 모른다. 네덜란드 상황에서 계급의 결정에 순응하는 것은 품위를 떨어뜨리는 복종을 의미하는 것이 아니라 결정하기 전에 이루어진 토론에 참여하고 의사표현을 할 수 있었다는 것을 의미한다. 이들 사례를 다른 사례와 비교하면 현저하게 더 큰 영역이 드러난다. 여기에서 하급자의 존엄성은 계약 관계에서 자신의 권리 또는 공통의 결정에 자유롭게 참여하는 것과 관련되어 있다. 정확히 말해 첫 번째 개념은 미국적 세계만큼이나 영국적 세계를 나타낸다. 이들 국가에서 개인은 스스로의 주인으로서 자유롭다고 생각한다. 공정한 교류를 목적으로 하는 계약의 자유는 당사자의 존엄성을 보장한다. 프랑스에서 강조하는 두 번째 개념은 '라틴' 영역으로 확장될 수 있다. 그곳에서 자유는 각 지위의 특권과 밀접하게 관련되어 있는 것처럼 여겨진다. 각자가 각 계급에 부합하는 대우, 즉 자신의 지위와 관련된 예외와 특권을 누릴 수 있을 때 각자는 스스로를 자유롭다고 생각한다. 명확한 자유 공간을 제공하는 것은 바로 사회적인 지위이다. 세 번째 개념은 독일, 스칸디나비아 및 스위스로까지 확장될 수 있는 영역에서 중시된다. 이 '게르만' 세계에서는 집단 결정에 모든 구성원이 참여하여 집단 내의 합의를 얻는 것이 그 집단의 주권을 보장하며, 그에 따라 그 후에 모든 외부의 권위와 관련된 구성원 각자의 자유를 보장한다.

우리는 여기서 국민국가(國民國家)보다 더 광범위한 문화 권역을 규정할 수 있는 가능성을 엿본다. 자유라는 개념의 다양성은 유럽을 조직 내의 위계와 존엄성을 조정하는 다양한 방법을 초래하는 여러 개의 정치문화 집단으로 구분해 준다. 각 조직은 상급자의 행동, 의사결정 과정 등의 합법성을 판단하기 위해 의미에 상응하는 맥락을 직접적으로 동원한다.

그렇지만 이 세 개의 유럽 문화 권역이 각각 자유에 부여하는 의미를 기준으로 구분된다 하더라도 이들은 세 개의 영역에서 자유의 개념이 차지하는 위상을 기준으로 다시 집결된다. 자유는 여기서 논의하고 있는 세 가지 유형의 정치문화집단에서 핵심 개념이다. 이는 특히 모든 유럽 문화에서 매우 비대칭적인 권력 관계가 허용될 수 없다는 것을 의미한다. 이는 이 관계가 이러한 불균형의 희생자가 되는 사람들의 자유를 박탈하기 때문이다. 실제로 계약하거나 약속하지 않을 자유를 보장하고 모든 사람이 자신의 직업에서 충분한 자율성을 유지하도록 하는 것, 또는 각자의 의견이 존중될 수 있도록 하는 것은 바로 이렇게 상대적으로 균형 잡힌 권력 관계에 달려 있다. 따라서 우리가 관점을 확장한다면 새로운 대조가 나타난다. 실제로 유럽에서 상당히 불균형한 권력 관계가 하급자의 존엄성과 양립하는 것이 힘들다고 하더라도 다른 문화권에서는 이를 잘 받아들일 수 있다. "종속 상황에서 느끼는 서구 사회의 두려움은 그 사회가 존엄성과 주권 사이에서 만드는 협력의 강도에 비례한다. 마그레브(Maghreb)나 일본에서는 존엄성의 근거를 다르게 이해한다. 그곳에서 존엄성은 권력의 행사보다는 종속적 위치에서 상급자가 하급자를 대우하는 존중과 더 관련된다."(d'Iribarne, 1998, p. 282~283) 이들 사회는 권력에 있어 객관적 권한의 영역과 상징적 영역을 구별한다. 객관적 권한의 영역이란 불균형할 수는 있지만 그렇다고 해서 하급자가 체면을 잃게 되지는 않는 것을 의미하고, 상징적 영역이란 개인 간의 평등함을 나타내야 함을 의미한다. 이처럼 유럽에서 온정주의(溫情主義)는 다른 것을 부각되게 한다. 왜냐하면 이것은 권력의 불균형과 관련된 형식적 종속과 개인적 관계에서 드러나는 근접성 사이의 공백 때문에 조작으로 여겨지기 때문이다. 온정주의는 다른 곳에서는 지도자의 강한 권위와 종속자 보호와 다소 감성을 자극하는 친한 사람들 간의 관계를 결합하는 합법적 모델로 여겨진다.

이러한 구분은 유럽의 정치문화와 여기서 비롯된 미국 문화를 대조하는 또 다른 차원의 길을 열어준다. 유럽 상황에서 윤리는 모두가 '선한 사람'이 되기 위한 의무를 수행하는 것, 즉 스스로를 존중할 수 있기 위해 각자의 의무를 다해야 함을 의미한다. "의무는 상대방과 맺고 있는 관계가 무엇이든 상관없이 일반적으로 타인, 외국인 심지어 적에게까지 주어진다."(d'Iribarne, 2000, p. 73.) 반대로 다른 사회에서 의무를 다한다는 것은 자기가 소속된 사회 집단에 충실한 것이다. 중요한 것은 우리가 다른 사람과 관계에서 생기는 의무를 다하는 것이다. 이러한 다른 형태의 윤리는 연대를 통한 네트워크 내에서 치밀한 상호작용이라는 특징을 나타내는데, 이는 공동체 운영의 근간을 이룬다. 일반적으로 유럽 문화권은 직무상의 의무 수행과, 당사자들과 유지되는 관계의 성격을 구분한다. 반면에 다른 문화권에서 직무상의 의무 수행은 가까운 사람에 대한 의무와 명확히 구별되지 않으며, 이는 적절한 경영 방식에도 아무런 영향을 미치지 않는다.

신흥 국가의 발전

유럽 사회에서는 기업의 기능과 역할이 최우선이고, 개인적 관계는 부차적 문제이다. 우리가 프랑스 공장에서 봤듯이 유럽 사회에서는 절차에 기반한 비개인적 경영방법이 개발되었고, 경우에 따라서 이는 개인 상호 간 좋은 관계에 따라 더욱 활기를 띠게 되었다. 규범의 정밀화가 너무 멀리 나아갔을 때는 관료주의적 파행이 나타난다. '강력한 기업 문화'의 장점을 칭찬하는 여러 학자가 공동체의 영역에 해당하는 경영 방식을 비개인적 경영 규칙으로 대체할 것을 요구한다. 반대로 신흥 국가에서 개인적인 관계는 직무상의 역할 수행과 분리되어 있지 않다. "직무상의 모든 행위는 아무리 경영 논리에 부합된다 하더라도 그것을 행하는 사람과 그 결과에 영향을 받는 사람 간의 관계 즉, 존경 또는 멸시의 표시, 우정 또는 적대감의 표시를 나타내는 경향이 있다."(d'Iribarne, 2003, chap. V) 그러므로 직무상 역할과 대인관계가 잘 구분되는 지역에서 의미를 갖는 경영 방식을 신흥 국가 같은 상황에 그대로 도입하고자 하면 실패할 가능성이 높다.

발전의 방법은 오히려 현지 성공 사례의 분석으로 이루어져야 하는데, 이들 사례는 적절한 경영 방법을 구축하기 위해 각 지역의 문화적 특수성을 활용할 수 있음을 보여준다. 멕시코, 모로코, 카메룬, 아르헨티나의 사례(d'Iribarne, 2003)는 현재 실행 중인 경영 방법이 지역 문화를 기준으로 했을 때 존중받을 만한 것으로 간주되어야 기업 효율성의 실질적인 향상이 달성될 수 있음을 보여준다. 따라서 다루어진 네 가지 사례에서, 경영은 공동체의 운영에 잠재적인 영향을 미칠 수 있는 장점을 결합할 수 있었다. 여기서 장점이란 예컨대 기업에 많이 참여하는 것과 이러한 경영 방식이 야기할 수 있는 부패와 같은 파행과 맞서 싸우는 데 적절한 절차 등이다. 물론 이것이 신흥 국가에서 기업의 성공을 도와주는 간단하고 쉬운 비결이라는 결론을 내리면 안 된다. 유럽에서 이 공통적인 토대를 넘어 의미 세계의 복수성이 강조된 것과 마찬가지로 신흥 국가 역시 다양성을 보여준다. 공동체 경영에 기반이 되는 참조기준은 국가마다 다양하다. 예를 들어 멕시코에서는 가족과 형제인 반면 카메룬에서는 친구와 적들이고, 모로코에서는 성인(聖人)과 평신도회이며, 아르헨티나에서는 상부상조하는 위계적인 네트워크이다. 이에 따라 현저하게 서로 다른 맞춤식 경영 실행이라는 결과를 초래한다.

끝으로, 하나의 문화권을 정의하기에 적합한 기준은 우리가 제기하는 질문에 따라 달라진다. 우리는 큰 영역을 유럽 문화권과 유럽 이외의 문화권으로 구분할 수 있다. 이 영역은 다시 게르만 영역과 앵글로·색슨 영역처럼 더욱 한정된 지역으로 규정된다. 각 국민 국가의 수준으로 정밀하게 하는 것은 한층 더 풍요로워지게 하는데 관심의 대상이 될 수 있는 미묘한 차이는 브르타뉴 사람, 코르시카 사람, 알자스 사람 사이에서도 확인될 수 있다.

글로벌 규모의 운영을 자랑하는 기업들조차도 늘 회사의 특수성을 보여주는 장소에 명확하게 자리 잡고 있다. 국가별 분석은 적절한 경영 방식을 밝히는 것과 관련해서 수차례 입증되었으며, 이는 상황에 따라 다른 차원의 분석을 배제하지 않는다. 문화 유형론은 그러한 관점에서 유용하다.

논쟁과 심화 과정

디리반(d'Iribarne)과 그의 동료들의 연구는 여러 분야에서 논쟁을 야기했다. 첫 번째 비판은 이 접근법의 연구뿐만 아니라 지금까지 제시된 모든 연구에 적용된다. 특히 이데올로기적인 이유로 주저함을 드러내는 것은 국가 문화라는 개념 그 자체이다. 문화의 분석은 민족적 국수주의에 행동의 기회를 제공해 줄 수 있고 충격적인 갈등을 일으키기 위해서 이러한 '국민적 특성'을 독점할 수도 있다. 미국의 문화인류학이 1930년대부터 1950년대까지 보여준 것처럼, 문화 관련 연구에서 풍자만화 같은 위험이 실제로 존재했다 하더라도 의미 체계를 중시하는 현대적 접근은 더욱더 미묘한 개념을 전달한다. 따라서 민족주의적 목표를 위한 도구로 삼기에는 더욱 어렵다. 우리는 또한 문화의 무지와 결부되는 위험은 그 동일한 문화 체계를 분명히 보여줌으로써 결부되는 위험보다 아마도 더 크다고 주장할 수 있다. 문화 공동체를 다양한 해석 상황에 이를 수 있게 하고, 갈등을 야기하는 원인을 이해하는 모든 계획을 의도적으로 배제하는 것은 이러한 갈등을 완화하기 위한 가장 합리적인 선택으로 보이지는 않는

다. 다양한 상황에서 관련 있는 문화 권역에 관해 호의적으로
토론할 수 있거나 국가적 차원이 아닌 다른 분석의 규모가 더욱
섬세한 이해를 허용하는 것처럼 보인다면 국가 문화 개념 자체
에 대한 거부는 경영 상황을 매우 명확하게 설명해 주는 분석
관점을 무시하도록 만든다.

두 번째 비판은 연구방법의 일관성과 관련된 것이다. '한 공장
에서 적용 중인 사회적 관계의 개념을 국가적 차원으로 일반화
하는 것이 정당한가, 혹은 역으로 그 국가의 역사 전반에 걸쳐
강조되고 있는 사회적 규제의 지배적인 형태는 현대사회의 기업
경영을 이해하기에 적합한가?' 이러한 비판은 사회의 다양한 계
층(수준)에서 규제 형태의 상동(相同)과 이런 형태의 안정성을 문
제로 제기한다. 비록 해석적 접근법의 저자들은 경험적 자료가
이러한 가설을 검증한다고 믿는다 하더라도 그들에게는 그 가설
을 설명할 수 있는 절차를 밝히는 것이 남아 있다. 특히, 제도의
수정을 넘어 오랜 기간에 걸쳐 정치문화가 지속되는 것을 확인
하는 것은 그러한 유지를 가능하게 한 요인이 무엇인지를 명확
히 할 것을 요구한다(Matheu, 1990). 접근방식의 일관성을 검증하
는 동일한 맥락에서 뒤피(J-P, Dupuis, 2004)는 해석적 접근방식에
서 문화의 정의란 무엇인가에 관심을 갖는다. 그는 특히 우리가
프랑스 사회의 '위대함' 혹은 미국 사회의 공정성 개념 같은 '궁

극적 지시 대상'(d'Iribarne, 1998, p. 259)을 어떻게 조정할 수 있는 지 자문하고, 동시에 그러한 지시 대상이 아마 모든 문화에 존재 하지만 그 의미는 서로 다르다는 사고에 대해서도 자문한다 (d'Iribarne, 2000). '궁극적 지시 대상'은 하나의 문화에 고유한 것 인가, 혹은 문화마다 다른 근본적 대립 시스템에서 변화하는 보 편적인 범주인가?

사용된 문화의 개념을 정확히 파악하고자 뒤피는 한 문화를 특징짓는 논리는 항상 복수적이라고 지적한다. 따라서 프랑스와 관련해서 분석의 영역에 따라 명예, 이성, 위대함, 계급·지위는 중요하다. 만약 이들 개념들이 선험적으로 양립 가능하다면 뒤 피의 주장대로 이들 개념의 결합은 명확히 밝혀져야 한다. 각 문화권에서 근본적인 두려움의 기준은 명백히 진술되어야 하는 이 결합의 새로운 관점을 가져다준다.

제4장 상호문화적 경영의 실행

제4장 상호문화적 경영의 실행

비교경영분야의 연구에서, 적합한 경영 방식은 문화에 따라 좌우된다는 사실을 입증했으며 국제적 팀의 작업은 반드시 특별한 조정 과정이 필요하다는 것이 명백하다. 앞선 장(章)에서 살펴본 비교 접근법들은 다양성을 구체적으로 다루기 위한 여러 가지 실마리를 제시한다. 상호문화적 경영은 우선 개인적인 영역으로 간주될 것이다. 다음으로 문화의 통합이 어떻게 제도라는 수단으로 실현될 수 있는지를 살펴볼 것이다. 끝으로 우리는 상호문화적 시너지를 구축하기 위해 이해 관계자와 조직의 장치를 활용하는 방법을 개괄해 볼 것이다.

1. 개인적 문제

다국적 대기업을 포함한 많은 기업은 기업에 만연해 있는 문화적 차이에 맞서기 위한 특별한 조치를 취하지 않았다. 문화와 관련된 문제가 제거되지 못했을 때[1] 그 문제는 문화적 경계면 속에 내포된 개인의 부담으로 남겨진다. 따라서 민츠버그(Mintzberg)[2]가 정의한 것처럼 상호문화적 조정은 개인 간의 상호 조정의 영역에 속한다. 대부분의 경우에 해외 파견자나 해외 계약의 협상자 또는 상호문화적 프로젝트 팀의 일원은 그의 적응 능력, 모호함을 견디는 인내력, 열린 마음 등을 나타내 보이도록 명시적으로 요구받는다.

---

1) Cf. General Electric 전직 회장의 국제적 합병과 인수 작업 시 문화적 차이와 관련된 문제를 해결하기 위한 스톡옵션 계획의 효율성에 관한 선언(*Les Échos*, 24 octobre 2000).

2) 그의 유명한 저서 『조직의 구조와 역동성(*Structure et dynamique des organisations*)』에서 민츠버그는 조직이 그들의 임무를 완수하는 데 필요한 작업을 통합하기 위해 사용할 수 있는 5가지의 기본적인 방법을 조사했다. 직접 감독을 통해, 개인은 다른 사람에게 명령을 내리고 그들의 작업을 총괄한다. 업무 프로세스의 표준화는 각자의 임무 수행을 이끌어주는 기술적 표준과 규칙의 부과로 이루어진다. 생산의 표준화로, 작업은 배달해야 할 생산품과 관련된 구체적인 명세서의 도입에 따라 조정된다. 자격 표준화는 모든 직원이 그들의 조직화를 가능하게 해주는 구체적이면서 상호보완적인 지식과 기술을 습득하는 것에 해당한다. 상호 조정은 하나의 연합 방법으로서 생산 활동의 관계자들 사이에 비공식적 의사소통에 기초를 둔다. 다른 저서에서(Mintzberg, 1986) 민츠버그는 이데올로기에 의한 조정 즉, 조직 구성원의 신념과 행동 규범의 내면화를 추가한다. 우리는 이 다양한 개념을 이 장의 모든 부분에서 다룰 것이다.

상호문화적 민감화

최선의 경우를 가정해 볼 때 파견자는 교육 연수를 받음으로 이러한 상호문화적 경험에 준비되어 있다. 문화를 특징짓기 위해 홀(Hall)이 발전시킨 개념과 호프스테드(Hofstede)가 정의한 5가지 차원은 교육 담당자들이 가장 많이 활용하는 참조기준이다. 이러한 이론의 소개는 사람들이 보편적이라고 여기고자 하는 경영에서의 행동과 실행의 상대성을 드러내는 장점이 있다. 이러한 민감화는 다른 문화적 환경에 대해 좀 더 관용적인 태도를 기르는 것을 목표로 한다. 가령 프랑스적 관점에서는 불합리하고 비효율적으로 보일 수 있는 것이 다른 문화 관점에서는 합법적일 수 있는 것처럼 말이다. 이러한 일반적 민감화에 언어교육과 개인이 직면하게 될 특정 문화의 소개가 추가될 수 있다. 여기서 또 다시 홀과 호프스테드의 개념이 널리 사용된다. 가령, '고맥락 문화'를 가진 사람은 '저맥락 문화'의 사람과 더 잘 의사소통하기 위해서 이 개념을 사용할 수 있다. 이때 고맥락 문화의 사람은 그들에게는 말할 필요 없이 당연한 일이지만 저맥락 문화의 사람에게는 명확히 설명해야 한다는 것을 인식하고 있다. 마찬가지로, 고맥락 문화에 속한 사람은 불확실성의 회피나 위계적 거리 같은 차원에서 자신의 문화와 관련된 지표와 주류

문화의 지표 간의 격차에 민감하다. 따라서 절차나 관리자와 관련된 행동의 차이가 나타날 수 있다. 이 접근법은 문화를 가치와 행동의 규범으로 정의하고 다른 나라의 직무 상황에서 지켜야 할 에티켓과 관련된 유용한 정보를 제공할 수 있다. 경영인들을 독자로 하는 수많은 저서는 두 나라[3] 간의 가치관과 행동의 차이에 따른 결과를 밝히고 있다. 실제로 이러한 경고가 상호교류에 있어서 무례한 실수를 피하게 해준다 하더라도 행동에 관한 고정관념적 지식은 다양한 상황에서 고정관념에서 빗나가는 구체적 상대자와 마주할 때에 제한적 도움이라는 것이 밝혀졌다. 사전(事前) 교육은 행동의 의미를 명확히 하기보다는 클리셰를 더욱 강화하는 경우가 많기 때문에 참여자들은 고정관념을 버리는 데 어려움을 겪게 된다.

현장 학습

문화의 차이에 대한 민감화 과정을 거쳤든 거치지 않았든 간에 다국적 환경에서 일하는 사람에게 실제 현장 학습은 아주

---

3) Intercultural Press라는 출판사에서 출간한 'Interacts' 시리즈를 볼 것. 여기서 다음 같은 제목의 책들이 소개되었다. *A Fair Go for All: Australian and American Interactions, Au contraire! Figuring Out the French, Brazil: A Guide for Business People, Border Crossings: American Interactions with Israelis.*

중요하다. 해외 파견자들이 경험하는 문화 변용의 과정을 기술하는 유명한 U자형 곡선은 상호문화적 경험의 역동성을 입증한다(Black et Mendenhall, 1991). 초기의 열정은 새로운 환경에서 효율적으로 이해하고 일하는 것이 불가능하다는 것을 경험하고 절망하면서 갑작스럽게 사그라지게 된다. 해외 파견자는 점차 지역의 관습에 적응하고, 사회적 네트워크에 통합되면서 스스로에 대한 자신감을 회복하기 시작한다. 그의 사기(士氣) 곡선은 다시 올라간다. 실제로 이 곡선은 파견자에 따라 여러 가지 도달점이 있다. 어떤 사람은 과거보다는 새로운 문화와 접할 때 더욱 편안해 하고, 어떤 사람은 이 두 가지 상황에서 똑같이 편안해 하며, 또 다른 사람은 새로운 문화 속에 놓인 자신이 이방인이라고 끊임없이 느낀다. 그러나 이 곡선은 주류(主流) 문화에 대한 파견자들의 이해나 직업적 능률보다는 그들의 감정 변화를 설명한다. 비록 이들이 어느 정도는 연결되어 있다고 가정할 수 있다 하더라도 말이다. 만약 우리가 후자(상위문화의 이해와 직업적 능률)에 관심을 기울인다면 다른 문화와 만남은 개인에 따라 다른 결과를 낳는다는 것을 확인할 수 있다. 그들 중 소수는 적응하는 데 있어 성공의 조건이라 할 수 있는 다른 의미 세계를 섬세하게 해독할 수 있는 것으로 밝혀졌다. 그러나 새로운 시스템의 이해에서 적절한 행동으로 이동하는 과정이 자동적으로 이루어지지는 않는다. 다른 사람들은 여러 시행착오와 재적응을 거쳐서 그들이 이미 배운 구체적 상황을 발전시키고 상대방에게 적합한 행동 방식을 발전시킨다. 이러한 경우 조정의 과정은 문화적 요소와 다른 요소들, 예를 들어 개인의 고유한 성격, 그들의 직업적·사회적 소속, 권력 관계의 문제를 구분하지 않는다. 이 다른 요소들은 조정 과정에 상당한 효율성을 제공한다. 동종요법(同種療法)의 방식처럼 이 결과는 효율성의 원인이 명확하게 밝혀지지 않은 상태로 나타난다. 현재 이행 중인 현상의 심오한 이해가 빠진 이러한 선험적 조정은 상대방이나 작업 상황의 변화에 따라 재검토되기 때문에 여전히 불안정하다. 끝으로, 다른 문화를 직면하는 것은 이해의 향상으로 이끌어 주기는커녕, 어떤 사람에게는 부정적 고정관점을 강화해줄 뿐이다. 예컨대 원대한 이상을 품고 해외로 파견된 사람들의 경우, 식민주의적 또는 인종주의적 견해만 가진 채 되돌아오곤 한다(Hofstede, 2002, p. 439).

실제 현장 학습이 자동적으로 적절한 이해와 행동에 이르게 하는 것은 아니다. 상호문화적 만남의 결과는 근본적으로 불명확하다. 다른 문화 세계와 빈번한 접촉은 효과적인 타협안이 있는 타문화의 참조기준에 대한 섬세한 이해에서부터 다른 문화와 협력할 의향이 거의 없는 문화집단의 양극화에 이르기까지 다양한 상황을 만날 수 있다.

다문화적 개인

　문화적으로 서로 다른 두 시스템의 경영은 때로는 다문화적인 개인 자체에게 맡겨지기도 한다. 경영 상황에서 관련된 문화계와 친숙한 그들은 어떤 사람이 다른 사람에게 보내는 메시지를 해독하면서 문화적 경계 영역에 놓이게 된다. 따라서 기업은 그 국가 태생이지만 기업의 본사가 있는 국가에서 학업을 수행한 사람을 해외 지사의 지사장으로 임명할 수 있다. 하징(Harzing, 1999)은 심지어 '기업 외교관'이라는 직위를 정의한다. 기업 외교관은 다국어 구사자이고 다양한 문화적 환경에서 일할 수 있으며 다국적 기업에서 문화 간 경계면의 문제를 해결하는 임무를 맡는다. 경우에 따라서 문제가 있는 업무 분야의 관리 책임권이 부여되고 지사와 본사의 연결 업무를 책임진다. 그러나 그러한 인재는 눈에 띄는 일이 드물기 때문에 기업이 직면한 모든 상호문화적 문제를 해결하기에는 충분치 않다.

개인의 선발

상호문화적 경영은 주로 국제적 접촉과 관련된 개인의 문제로 다루어졌고 이와 관련하여 기업들은 개인의 교육, 개인의 선발에 관심을 기울였다. 많은 경영인은 국제 협력4)에 가장 적합한 최고의 인력을 선발할 필요성을 강조한다. 이러한 적응 능력을 측정하는 기준을 객관적으로 정의하고자 하는 많은 연구가 시도되었다(Mendenhall et al., 1985; 1987). 그 결과 여기에는 여러 가지 변수가 작용하고 개개인에게 상호문화적 상호작용의 결과가 긍정적일 것이라는 예측치는 약하다고 밝혀졌다. 또한 실제로 가용성 있는 전문인력과 직원의 이동성 같은 기업에 부담을 주는 엄격한 제약은 선발의 가능성을 상당히 제한한다. 끝으로, 임무의 긴급함은 많은 경우에 상호문화적 임명에 필요한 준비 시간을 제한한다.

당사자의 소질, 자발적 동기, 학력사항이 상호문화적 팀의 긍정적인 역동성에 분명히 기여한다고 하더라도 이러한 요소들이 늘 만족스러운 결과를 가져오지는 않는다. 우리가 이를 전체적

---

4) 예를 들어, Iribus의 회장은 선발이 관건임을 주장하고, Renault의 직원은 다국적 프로젝트의 핵심 성공 요소는 '좋은 사람들을 지명'하는 것이라고 생각한다.
출처: "Management international: entre méthodes standardisées et pratiques locales, comment gérer la diversité?", *Cahiers de l'Anvie*, 2003.

효율성에 비춰 평가하든 관련된 사람의 좌절에 비춰 평가하든 말이다. 이처럼, 프랑코-퀘벡 프로젝트 사례의 연구에서 시걸 (Segal, 1991)은 당사자들이 보여준 좋은 의도나 의사소통의 노력 이 양측의 경쟁의식이나 갈등과 분노를 막지는 못했음을 보여준 다. 이것이 바로 다른 문화적 통합 과정이 개발된 이유이다.

2. 제도에 따른 통합

동일한 정치문화에서 비롯된 공통 참조기준의 부재로 상호문 화적 상황에 직면한 기업의 책임자들은 그들의 팀을 연합하기 위해 다른 문화 바로 초국가적 문화를 동원하고 개발하고자 한 다. 직업 문화와 기업 문화는 어느 정도는 그러한 역할을 수행할 수 있다.

직업문화

같은 기술 분야에 익숙해지면 같은 직업을 가진 사람들과 공 통된 지식과 공통의 관심사가 생기게 된다. 한 연구 결과에 따 르면 유럽의 컴퓨터 전문가와 기술자가 고도의 전문적 기술 문제에 관해 놀라울 정도의 의견 일치를 어떻게 만들어 가는지를 보여주었다(Chevrier, 2000, p. 90). 직업문화는 자연스럽게 상호문화적 교류에 필요한 내용을 제공한다. 마찬가지로 상호문화적 교류는 직업 관련 전문용어로 구성된 공통언어로써 촉진된다. 공통언어의 실재는 특히 다른 언어에 상당(相當)하는 용어가 있음에도 불구하고 영어가 가장 자주 사용되는 컴퓨터 분야에서 확인할 수 있다. 앞서 언급한 민츠버그(Mintzberg)의 유형론을 다시 상기해 보면, 문화적 차이를 극복하기 위해 직업 문화를 활용하는 것은 자격의 표준화를 활용해서 관련자들을 맞추는 것이다. 따라서 출신 국적은 기술적 문제를 해결하는 데 중점을 두는 팀 내에서 거의 개입하지 않는 것처럼 보일 수 있고 실제로 직업 문화는 의사소통의 촉매제라는 효율적인 역할을 한다. 그렇지만 더 자세히 살펴보면 직업문화가 모든 국가적 준거로부터 자유로운 것은 아닌 듯하다. 직업문화가 전달하는 사회적 정체성이든, 이와 관련되어 있고 정치적 문화에서 비롯된 문제해결방법론이든 말이다. 예를 들어 프랑스 기술자의 정체성은 근본적으로 그의 출신학교에서 오는 소속감에 따라, 그리고 이를 거쳐 심지어 엘리트라는 소속감에 따라 정의된다. 반면 독일 기술자의 사회적 정체성은 그를 고용한 회사와 밀접히 연관되어 있다. 미국 기술자의 정체성은 자신이 속해 있는 직업 조합에 따라 좌우된다(Grelon, 1993; Sorge, 1998). 더 전문적인 상호작용을 하려고 하지만, 직업문화는 인간을 지배하는 합법적 방법의 개념 차이를 해소하지 못한다. 따라서 앞 장에서 프랑스-스웨덴 간의 사례에서 본 것처럼 기술적 관심사를 공유한다고 해서 합의와 관련된 좋은 방법에 공통적 이해를 하는 것은 아니다. 또한 직업문화를 기반으로 하여 경영에 동참하는 상호문화적 팀은 매우 드물다. 왜냐하면 사람들이 프로젝트에서 추구하는 것은 직업의 유사성보다는 상호보완성이기 때문이다. 공유된 직업문화가 없는 경우, 기업은 공통된 조직문화에 의존하여 조화를 보장하려고 한다.

기업 문화

조직 문화에 따른 통합은 주로 다국적 기업에 관한 것이다. 다국적 기업은 개인 간의 상호 합의에 따른 조정에 의존하기보다는 규정된 제도적 규범에 대한 모든 사람의 의견 일치로 이루어진다.

민츠버그의 표현에 따르자면, 기업 문화에 따른 경영의 첫 번째 형태는 작업 과정을 통한 조정과 비슷하다. 기업 문화는 기업 구성원의 출신이 어디든지 간에 갖추어야 할 행동양식의 목록표를 제공한다. 목록표에는 회의 진행자가 자신의 역할을 어떻게 수행해야 하는지 명시되어 있다. 예를 들어 하루 일정 상기시키기, 참가자에게 각 논점에 관한 자신의 의견을 개진할 기회 주기, 합의를 얻기 힘든 경우 투표하기 등등[5]이 여기에 해당한다. 공유된 절차는 집단행동을 조절하고 의식적으로 상호작용하는 것을 가능하게 해준다. 이때 중요한 것은 생산에 있어서의 효율성과 낯선 사람과 만남이 초래하는 불안감의 감소이다.

기업 문화에 따른 경영의 두 번째 형태는 공유된 가치를 강조한다. 민츠버그(Mintzberg, 1986)는 이것이 이데올로기에 의한 조정과 관련된 것으로 보았다. 다시 말해 통합은 규정된 행동보다는 그들의 행동을 같은 방향으로 나아가게 하는 기업 구성원에 따라 내재된 가치로 좌우된다. 실질적으로, 책임감 있는 지위는 선언된 가치에 충실한 사람과, 그가 관리하는 부서 내에서 그 가치를 공유할 수 있는 책임이 있는 사람에게 부여된다. 우리가 목표로 하는 통합이 매뉴얼에 따라 배포된 절차에 의한 것이든 또는 충실한 직원들이 전달한 가치에 의한 것이든, 일반적으로 기업문화에서 추천되는 것은 본사의 통합 형태에 따르는 것이다. 합작 또는 제휴 회사의 경우, 일부 사례에서 조직에 따라

---

5) 유럽의 연구 연합의 절차 입문서에 나온 예시.

절충적 문화가 경험적으로 발생되지만 대개의 경우 강요되는 것은 지배적인 기업(본사) 문화이다. 우리는 여기에서 또 한번 해석적 접근법은 절차에 관한 것이든 가치에 관한 것이든 문화적 맥락에 따라 다르게 읽힌다는 것을 알 수 있다. 정치문화는 몇몇 초국가적 규범 내에서 사라지지 않는다. IBM의 계열사에서 시행된 호프스테드의 광범위한 연구가 입증하듯이 지역의 문화적 참조기준은 문화색이 강하기로 소문난 유명한 기업에서조차 잔존한다. 따라서 기업 문화에 따른 통합이 한 집단의 차원에서 본사와 자회사 간의 기능적인 접점을 충분히 제공할 수 있다 하더라도 이것이 상호문화적 팀의 업무 차원에 있어서는 반드시 그대로 적용되지 않는다. 이처럼 경영 방식을 통합한다고 여겨지는 절차는 실제로 누군가에게는 신성하다고 여겨질 수 있고, 다른 이들에게는 지시적으로 여겨질 수 있다. 이를 지시적으로 여기는 사람들은 그들의 직업 관습 같은 다른 준거 기준에 자극받아 그 절차의 실행에서 상당한 자유도를 취할 가능성이 높다.

3. 상호문화적 시너지 구축하기

세 번째 방법은 분석하는 능력과 개인 및 제도적 장치의 창의성을 동시에 동원하는 것이다. 이것의 목적은 상호문화적 업무환경에 내재된 몰이해를 극복하고 잠재적인 풍요로움을 누리는 것이다.

적절한 작업 방식의 공동 구상

상호문화적 환경에서 업무는 일을 조정하고 권위를 행사하며 더 넓게는 협력하는 방법을 요구한다. 이 방법들은 모든 관련자가 보기에는 합법적이지만 선험적으로 결정하기 어려운 방법들이다. 이를 개발하기 위해 제안된 접근법은 해석적 접근법의 분석에 기초를 두고 몇 가지 가설에 근거한다.

첫째, 적절한 경영 방식을 수립하기 위해서는 이런저런 경영 실행에 있어 수용 가능성을 판단하기 위해 동원되는 현존하는 의미 체계의 이해가 필요하다. 이 첫 번째 가설은 이 접근법을 이전의 접근법들과 구별한다. 이전 접근법은 시행착오의 경험적 과정에 의존하거나 개개인이 효율성의 깊은 동기를 이해하지 않고서도 결국에는 효과적인 관습을 개발한다고 가정하는 것이다.

반대로 의미 체계의 이해는 삶의 방식을 구성하기 위한 더 큰 공간을 열어주는 것처럼 보인다. 두 번째 가설은 여러 문화 출신 사람들의 합의를 이끌어내는 방법은 가능하다고 전제한다. 따라서 이는 문화 간의 의사소통 불능을 초래하는 맹목적 문화 상대주의를 거부한다. 비록 의미 체계들이 상당히 다른 것처럼 보일지라도 이 가설은 당사자들이 받아들이는 행동 방식을 모색하여 가능한 해결책을 만들어낸다. 이것이 바로 모든 상호문화 프로젝트의 필수불가결한(sine qua non) 조건이다. 세 번째 가설은 개인의 적응능력을 부정하지 않는다. 이 가설에서 경영 방식의 공동 구성 과정이라는 명료한 조직화는 이 과정이 더 성공할 가능성을 부여한다. 전적으로 개인의 주도와 좋은 의지에만 근거할 때보다 결실을 볼 가능성이 더 크다고 가정한다. 이러한 이유로 상호문화적 경영 방법은 제도적 장치를 포함한다. 좀 더 정확하게 말하자면 상호문화적 경영은 문화적 중재자의 조직적 개입으로 이뤄진 만남이 관련된 문화적 집단의 양극화로 이어지기보다는 성공적이고 건설적이 되도록 도와주는 것을 전제로 한다. 글로보카르(Globokar, 1998)는 마찬가지로 공동체 사이의 관계를 개선했던 프랑스인과 슬로베니아인 사이의 중재 경험을 보고하는데, 그때 이 공동체들은 상호 이해와 관련된 큰 진전을 이루지 못한 채 3년 전부터 교류하고 있었다.

실용적인 관점에서 이러한 방식은 구성원에게 받아들여질 수 있는 작업 방식을 조정하는 데 상호문화적 팀을 동원하는 것이다. 팀이 같이 일하기 시작한 후에 첫 번째 모임은 각 참가자로 하여금 그가 판단하기에 팀의 기능에 치명적이거나 이해하기 힘든 사건(애로사항)을 찾아내게 한다. 여기 그러한 사건의 몇 예시가 있다. 위계에 따라 내려지고 의문이 제기된 것처럼 보이는 결정들, 새로운 제안이 명확히 특정 수행을 최적화하지만 기술적 해결책의 변화를 협상하는 데는 어려움, 협동에 중요한 것으로 여겨지는 정보에 접근 불가능 등등이다. 우리가 살펴본 것처럼 참여자에게 중요한 것은 그들이 발견했을 문화적 차이를 열거하는 것이 아니라 그들의 상황에서 협동을 하기에 어려운 요소를 구체적으로 찾아내는 것이 중요하다. 팀이 다루고자 하는 중대한 사건이 일단 정의되면 그 사건의 당사자들은 그들 행동의 의미를 명확히 밝히도록 요구받는다. 가령 그들의 관점에서 그러한 결정이 수정될 수 있었는지 혹은 반대로 수정되어서는 안 되는지를 밝혀보게 하는 것이다. 여기에서 중재자의 역할은 참여자의 개념이 자신과 다른 점을 부정적으로 판단하기를 억제하면서, 참여자를 개인적인 상황의 설명에서부터 의미 세계의 추론으로까지 이끄는 것이다. 수차례 만남의 목적은 참여자로 하여금 다른 의미 체계와 익숙해지게 하는 데 있다. 일단 다른 의미 체계가 이해되면 가능한 작업 방식의 개발은 합당하게 이뤄질 수 있다. 실제로 팀들은 무(無)로부터 작업 양식을 정의하는 경우는 드물다. 반대로 그들은 결정적인 사건이 재발하는 것을 피하기 위해 진행해야 할 방법을 협상한다. 예를 들어 한 팀은 기술적 합리성에 근거한 의사결정의 개념과 정치적 합의에 입각한 의사결정의 개념을 참작하여 수용 가능하다고 여겨지는 절차를 개발한다. 채택된 절차는 기존의 실행들과 이미 시행 중인 절차 사이에 창조적인 합의가 될 수 있다. 핵심은 이 두 가지 절차 모두 참가자의 정치문화 내에서 긍정적인 의미를 지니는 것이다. 상호문화적 경영의 관건은 바로 여기에 있다.

상호문화적 경영의 목표는 차이를 지워버리는 것이나 문화를 균등화하는 것이 아니다. 그렇게 한다면 기업 경영은 실패할 수밖에 없게 된다. 상호문화적 경영은 비록 그 정당성이 관련자의 서로 다른 해석에 기반한다 하더라도 모두에게 합당한 작업 방식을 찾아내는 것이다. 마찬가지로 프랑스-스위스 프로젝트 팀은 동료 간의 토론으로 해결되지 않았던 갈등을 위계로써 결정한다는 실행에 합의할 수 있다. 프랑스인에게 있어서 중요한 것은 상대방의 제한된 결정보다 더 합리적인 결정을 상급자를 통해서 보장하는 것이다. 이때의 결정의 합리성은 부분들의 제한된 합리성을 초월하는 것이어야 한다. 위계상 상급자는 포괄적 합리성을 가진 결정을 책임져 주는 보증인으로 여겨진다. 스위스인에게 상급자의 개입은 합의의 부재에 일시적으로 대처하기 위해 필요한 중재로 그것이 어떠한 결정이든 집단적 작업의 중단보다는 더 가치 있는 결정으로 받아들여진다. 첫 번째 상황에서 상급자의 힘을 빌리는 것은 합리적 내용의 결정을 얻는 수단을 발견할 수 있기 때문에 합법적으로 보인다. 두 번째 상황에서 결정은 합리적 절차의 결과이기 때문에 받아들여진다.

작업 방식이 결정되면 그 방식들은 참가자에 의해 보호, 관찰되어야 한다. 현장에서의 이러한 실험은 참여자 간에 새로운 교류를 가능하게 하고, 그 결과 실행해야 할 조정을 결정하도록 해 준다.

이러한 방법은 관련자들이 적응하기 위해 참여하는 전체적 과정과 구분되며 특히 의미 세계를 명백히 하는 형식적 업무로 인해 다른 방식의 상호문화적 통합과는 구분된다. 이 방법이 상호문화협력에 희망적인 지평을 열어준다 하더라도 이것은 특정 조건이 갖추어진 경우에만 효율적인 것으로 밝혀질 수 있다. 우선, 이 방법은 공통의 작업 방식을 찾기 위한 당사자들의 의지를 전제로 한다. 이러한 조건은 해외 기업의 적대적인 통제하에 잠재적인 갈등 상황에서도 반드시 충족되는 것은 아니다. 이 방법의 실행은 경우에 따라 조직의 나머지에 비해 괴리가 있는 작업 방식을 조정하기 위해서 관련된 팀이 충분한 책략을 가지고 있다는 것을 전제로 한다. 그 절차들을 규정할 능력 없으면, 해당되는 팀은 모든 사람이 수용할 수 있는 실행을 찾아내기 위해 요구되는 상호문화적 창조성을 보여줄 수 없다. 끝으로, 다른 접근법들처럼 적절한 작업 방식을 찾기 위해 시간이 필요하다. 이는 우리가 각각의 프로젝트마다 실행된 학습을 활용의 기회로 삼는 것을 거부하지 않는다.

경영 도구의 조정

점점 더 많은 기업 책임자는 여러 문화 출신의 사람을 협력하도록 이끌 때에 조정이 필요하다는 사실을 의식하고 있다. 그 조정은 단지 개인의 책임이 될 수도 있고 조직의 형식적 장치를 포함하는 것일 수도 있다. 그러나 상호문화접촉이 경영 도구의 방법으로 행해질 때 실현해야 할 문화적 적응에 부과된 의무감은 강하지 않다. 항상 실적의 개선을 추구하는 기업들은 행위가 만들어진 문화적 상황이나 수용 상황의 특수성을 특별히 고려하지 않은 채 그러한 행위들을 재현하고자 '최선의 실천들'을 찾아내려고 한다. 그럼에도 불구하고 앞서 언급했듯이, 경영 도구들은 은연중에 그들의 선동자들의 문화개념을 지니고 있다 (Segal, 1992). 경영 도구의 목적과 형태에 따라 이들은 일을 분담하거나 활동들을 조율하거나 관리를 시행하는 등의 좋은 방법의 개념들을 전달할 가능성이 높다. 서양 국가 사이의 전이(轉移)는 벨기에 기업에서 전자수첩의 설치를 분석한 결과가 보여 주듯이(d'Iribarne, 1998) 해결하기 어려운 문제이다. 또한 국제 개발 원조 프로그램과 관련된 반복된 실패가 입증하듯이 서구 세계와 개발도상국 사이에서 전이는 더욱 어려운 문제이다. 이로 인해 경영도구가 어떠한 전이에도 적합하지 않다는 식으로 성급하게 결론 내어서는 안 될 것이다. 반대로 우리는 여러 대륙에서 몇 가지 눈에 띄는 성공 사례를 발견할 수 있다. 아르헨티나의 윤리 헌장 적용, 모로코의 품질 경영 프로그램, 멕시코의 기업 프로젝트, 카메룬의 지방분권화 과정(d'Iribarne, 2003) 같은 사례가 여기에 속한다. 따라서 예외가 하나의 규칙이 되도록 하기 위해서 어떤 조건에서 경영 도구를 전파시킬 것인지를 결정하는 것이 중요하다. 대부분의 예외는 책임자의 직감과 상황에 관한 일치의 가능성이 없는 결합으로 얻어진 것이다.

　면대면 만남의 경우처럼 조정은 새로운 경영 시스템이 그것을 구현하도록 요청받은 사람에게 합법적으로 보이기 위해 의존할 수 있는 문화적 자원의 공식적인 성찰로 이루어진다. "아프리카에서 경영 관리를 하거나 인도에서 품질 관리를 하고자 할 때 아프리카나 인도에서 관리와 계급이 무엇을 의미하는지에 대해서 자문해야 한다."(Matheu, 1990) 여기에서도 마찬가지로 지식에서 적합한 행동으로 전환은 기계적으로 이루어지는 것이 아니라 기업 책임자의 결정적인 역할 수행을 통해서 이루어진다는 것이다. 물론 상황의 이해가 중요한 성공의 열쇠라는 것은 명확하다. 예를 들어, 유럽에서는 '역할과 의무'를 '그것을 완수하는 사람'과 분리할 수 있다고 가정하는 것이 개발도상국 사회의 자산은 아님을 알아야 한다. 이것은 부패와 맞서 싸우는 동안에 결정을 분권화하는 특별한 방법을 검토하게 해준다. 앞서 언급한 카메룬의 경험 사례는 개인적 충성심이 직무상의 책임보다 우위에 설 수 없도록 하기 위해 절차를 정교하고 엄격하게 만든 것이다. 프랑스적 관점에서 자율성 상실의 원인으로 볼 수 있는 절차상 제약의 증가는 반대로 관련자들에게는 제3자의 압력으로부터 보호해줌으로써 그들의 직무상 자율성을 회복하는 수단으로 여겨질 수도 있다. 실제로 그들은 청원에 동의하는 것을 거부하는 것이 그들의 나쁜 의도의 결과가 아니라 실질적으로 요청을 들어주기가 불가능하기 때문임을 증명할 수 있다(Henry, 1998b). 만약 책임지우기 같은 슬로건이 보편적으로 적용된다면, 그 슬로건의 효력은 실제로 그것을 구현하는 방식으로 수행되며 그 방법은 지역의 문화적 참조기준과 밀접히 연관되어 있다. 그러한 참조기준을 분석하지 않는다면 기업은 다른 곳에서 성공적으로 판명된 도구가 완전히 부적절하다는 위험을 무릅쓰게 된다. 분석이 모두 이루어지면 경영진은 그 도구를 협력의 발전에 유리하게 혹은 최소한 받아들여질 만한 현지 참조기준에 정착시키는 방법을 찾아내기 위한 신기술을 보여주어야 한다.

4. 상황에 따른 방안

상호문화적 경영은 현재 논의의 쟁점이 되고 있는 문화뿐만 아니라 다른 상황에서 적절한 협력 체제를 구축하는 것과 관련된 인내심을 요하는 문제이다. 적대적 통제에 따른 국제적 인수, 이민자 출신 직원을 고용하는 현지 회사나 다국적 연구 프로젝트는 다양한 형태의 상호문화적 경영을 야기할 수 있다. 예를 들어, 적응의 부담이 당사자들에게 미치는 영향은 상황에 따라 다를 수 있다. 인수합병 당한 회사의 직원과 이주민 직원은 적응과 관련하여 다국적 프로젝트에 참여하도록 요청받은 연구원보다 더 큰 압박을 겪을 것이다. 이처럼 권력 관계는 지배적인 경영 문화 모델을 강요하려는 시도와 타협안의 협상에 따라 표출될 수 있다. 동시에 당사자 간의 정치문화는 권력의 해석에도 영향을 미친다. 회사의 인수자라는 지위는 일부 사람에게는 회사의 주인에게 주어지는 엄청난 권리를 누릴 수 있다고 해석되지만 다른 사람들에게는 그 만큼의 동일한 특권이 부여된다고 해석되지 않는다. 그때부터 문화적 다양성을 통합하는 방법은 매우 다양하게 나타난다.

작업을 결정하고 구현하며 관리하기 위해 개발되는 절차는 다를 수 있지만 더 근본적으로 이러한 절차를 규정하는 방법은 상황이나 문화에 따라 다르다. 예를 들어, 국제적 팀을 결성하기 위해 직업 문화의 도움을 청하는 것은 프랑스적인 해석 상황에는 부합한다. 프랑스적인 해석 상황에서 직업 참조는 각 직업에 관련된 관습이 공동 작업 규제의 일부일 정도로 의미를 갖기 때문이다. 실제로 앞서 살펴보았듯이, 프랑스 기업 내에서 직원 사이의 관계는 그들 각각의 지위에 따라 현저하게 나타난다. 각자의 지위는 부분적으로 이러저러한 직업과의 관계에 따라 정의된다. 직업 문화에 따라 문화적 다양성을 관리하는 것은 궁극적으로는 직업적 규제를 구상하는 프랑스적인 방식을 국제적 수준으로 확대 적용하는 것으로 해석될 수 있다. 그러한 상호문화적 경영 방식이 일본인 경영 담당자에게도 실현 가능한지는 불분명하다. 왜냐하면 일본인에게 직업의 개념은 동일한 의미도, 동일한 범위도 지니고 있지 않기 때문이다. 마찬가지로 당사자들 사이의 명백한 의사소통을 강조하는 적절한 경영 방식의 공동 개발은 미국적 의미 상황과 쉽게 들어맞는다. 미국 서적에서 '상호문화 의사소통의 개선'이라는 용어로 자주 언급되는 피드백(feedback)의 개념은 숨겨진 증거의 설명이 이해의 장애물을 제거하는 데 도움이 된다는 확신을 보여준다. 설명과 피드백은 또한 상호문화적 교류를 미국 문화의 특징인 저맥락에 위치시키는 경향이 있다. 다시 언급하지만 이 전략이 암묵성을 우선시하는 고맥락 문화권의 상대방에게 받아들여질지는 확실하지 않다.

상호문화적 상황에 적합한 경영 과정 역시 그 과정을 규정하는 방식 그 자체와 마찬가지로 구체적 상황에 밀접하게 의존한다. 엄격히 논리적인 관점에서 보면 어떤 점에서 좋은 경영 행위의 개념이 문화마다 달라지는지 보여준 후에 상호문화적 업무

환경을 관리하는 유일한 방법을 제시하라고 주장할 수는 없다. 상호문화적 경영에 있어서 문화적 특수성을 배제한 문화적 무중력 상태와 같은 보편적인 규칙이란 존재할 수 없다. 만약 개인의 열린 마음과 관용을 바라는 호소, 부분적으로 초국가적인 문화의 의존 같은 해결책들이 특정 상황에서 만족스러운 성과를 얻는 데 충분하다면, 문화적 상황에 대한 섬세한 이해는 단지 문화적 차이를 극복하는 것만이 아니라 각 문화의 특별한 자원을 이용하기 위한 더 큰 잠재적인 이득을 내포한다.

나가기

실행의 총체로서 상호문화적 경영은 무엇보다도 먼저 다국적 기업과 관련되어 있다. 최근 몇 년 상호문화적 문제에 대한 기업 CEO들의 감수성과 이런 상호문화적 문제를 다루기 위해 실현된 노력이 발전하고 있다. 이것은 상호문화적 경영에서 교육이 '계속 교육'이든 '초기 교육'이든 간에 급진적으로 발전했다는 사실이 잘 증명한다. 그렇지만 오늘날 동원된 지식은 종종 피상적이며 성공 사례는 여전히 너무 드물어서 실천이 성숙한 단계에 이르지는 못하고 있다. 많은 담화가 문화에 대한 고려를 성공의 요인으로 생각하기 때문에 이 원칙의 실행은 자주 언급된다. 이것은 근본적으로 변하지 않는 경영 활동에 그다지 호의적이지 않은 상호문화라는 겉치레를 추가하는 것이었다. 기업들은 문화가 표상에 상당히 영향을 미친다는 사실을 인정해야 한다. 경영 실천의 쇄신을 요구하기 위해서는 가야할 길이 아직 많이 남아 있다.

또한 기업은 상호문화성에 적합한 경영 방법의 개발을 돕기 위한 연구를 확대해야 한다. 무엇보다 중요한 것은 경영의 문화적 맥락의 분석을 새로운 국가로 확장하는 것이다. 연구 범위의 확대는 곳곳에서 실천의 개선을 가져오게 할 뿐만 아니라 비교 분석하게 하고 문화권의 유형론을 다듬는 것을 가능하게 할 것이다. 끝으로, 상호문화적 경영의 연구는 다양한 학문을 결합하고 관련 연구를 동원함에 있어서 이익이 될 것이다. 실제로 교육, 사회복지, 혹은 미디어 같은 다양한 분야는 상호문화적 문제에 따라 영향을 받는다. 인류학뿐만 아니라 사회심리학으로부터 영감을 받은 많은 연구가 특히 경영과 밀접한 관련 있는 상호문화적 학습의 문제와 관련해서 수행되었다(Demorgon et Lipiansky, 1999). 의도적으로 새로운 행동 양식을 이해하고 경험하는 상호문화학습은 상호문화 그룹이 그들 고유의 경영 방식을 규명하기 위해 충분한 자율성을 누린다는 것을 내포한다. 그 점에서 상호문화적 경영의 도래는 기업의 경영 실천 발달에 기여한다.

Bibliographie

Abou S., *L'Identité culturelle*, Paris, Anthropos, 1981.

Benedict R., *Échantillons de civilisations*, Paris, Gallimard, 1950.

Black J. S. et Mendenhall M., "The U-Curve Adjustment Hypothesis Revisited: a Review and Theoretical Framework", *Journal of International Business Studies,* 1991, 22, p. 225~247.

Bony J. (de), "Individual Autonomy and Socialization at the Dutch Elementary School: the Relationship between the Individual and the Group", 30e Proceedings Van Onderwijs Research Dagen 2003, Ed. Open Universiteit Nederland, 2003.

Boas F., *Race, Language and Culture*, New York, Macmillan, 1940.

Chevrier S., *Le Management des équipes interculturelles*, Paris, Puf, 2000.

_____, "Is National Culture still Relevant to Management in a Global Context? The Case of Switzerland』, *International Journal of Cross-Cultural Management*, vol. IX (2), 2009, p. 169~184.

Cornet A. et Warland Ph., *GRH et gestion de la diversité*, Paris, Dunod, 2008.

Crozier M., *Le Phénomène bureaucratique*, Paris, Le Seuil, 1964.

Cuche D., *La Notion de culture dans les sciences sociales*, Paris, La Découverte, coll. ≪Repères≫, 1996.

Demorgon J. et Lipiansky E.-M., *Guide de l'interculturel en formation*, Paris, Retz, 1999.

Douglas M., *Comment pensent les institutions*, Paris, La Découverte, 1999.

Dupuis J.-P., "Problèmes de cohérence théorique chez Philippe d'Iribarne. Une voie de sortie", *Management international*, printemps, 2004, vol. VIII, n° 3, p. 21~30.

Durkheim É., *Les Formes élémentaires de la vie religieuse: le système totémique en Australie*, Paris, Alcan, 1912.

Elias N., *La Civilisation des mœurs* (tr. fr.), Paris, Calmann-Lévy, (1re éd. en allemand, 1939), 1973.

Geertz C., *The Interpretation of Cultures*, New York, Basic Books, 1973.

Globokar T., "Étude comparative sur la gestion des entreprises en France et en Pologne", *Travaux sociologiques du, LSCI*, CNRS-IRESCO, n° 19, 1990.

Globokar T., Bogdan J. et d'Iribarne Ph., "Fonctionnement des organisations et cultures nationales dans une industrie à processus continu", in P. Dubois et al. (éd.) *Innovation et emploi à l'Est et à l'Ouest. Les entreprises hongroises et françaises face à la modernisation,* Paris, L'Harmattan, 1990.

Globokar T., Gérer en Slovénie. *"Les difficultés de la communication interculturelle",* *Gérer et Comprendre*, Annales de Mines, juin, 1995.

Globokar T., "Une expérience française en Slovénie: comprendre un mode communautaire de gestion", in Ph. d'IribarneA. Henry J.-P. Segal S. Chevrier et T. Globokar, *Cultures et mondialisation: gérer par-delà les frontières*, Paris, Le Seuil, 1998, p. 117~135.

Godelier M., *Horizons, trajets marxistes en anthropologie*, Paris, Maspero, 1973.

Grelon A., "Le poids de l'histoire: l'héritage de l'ingénieur contemporain", in C. Lanciano, M. Maurice J.-J. Silvestre, H. Nohara (éd.) *Les Acteurs de l'innovation et l'entreprise. France, Europe, Japon*, Paris, L'Harmattan, 1998, p. 201~206.

Hall E. T., *La Danse de la vie. Temps culturel, temps vécu*, Paris, Le Seuil, 1984.

Hall E. T., Hall M. R., *Guide du comportement dans les affaires internationales. Allemagne, États-Unis, France*, Paris, Le Seuil, 1990.

Harzing A. W. K., *Managing the Multinationals: an International Study of Control Mechanisms*, Cheltenham, England, Edward Elgar, 1999.

Henry A., Tchenté G.-H. et Guillerme-Dieumegard Ph., *Tontines et banques au Cameroun: Les principes de la Société des amis*, Paris, Éd. Karthala, 1991.

Henry A., Sensibiliser avec retenue: une démarche participative en Mauritanie, in Ph. d'Iribame, A. Henry, J.-P. Segal, S. Chevrier et T. Globokar, *Cultures et mondialisation: gérer par-delà les frontières* Paris, Le Seuil, 1998a, p. 165~191.

Henry A., "Les experts et la décentralisation", in Ph. d'Iribarne A. Henry J.-P. Segal S. Chevrier et T. Globokar (éds.) *Cultures et mondialisation: gérer par-delà les frontières*, Paris, Le Seuil, 1998b, p. 193~222.

Herder J. G., *Histoire et Cultures*, Paris, GF, 2001.

Hofstede G., *Culture's Consequences: International Differences in Work-Related Values*, Sage Publications, 1980.

_____, *Cultures and Organizations: Software of the Mind*, Londres, MacGraw Hill, 1991.

_____, *Culture's Consequences: Comparing Values, Behaviors, Institutions and Organizations across Nations*, Sage Publications, 2002.

House R. J., Hanges P., Javidan M., Dorfman P. et Gaba V., *Culture, Leardership and Organizations: the Globe Study of 62 Societies*, Thousand Oaks, CA, Sage Publications, 2004.

Iribarne Ph. (d'), *La Logique de l'honneur*, Paris, Le Seuil, 1989.

_____, *La Logique de l'honneur*, Paris, Le Seuil, coll. «Points», (éd. de poche), 1993.

_____, The Usefulness of an Ethnographic Approach. to the International Comparisons of Organizations, *in International Studies of Management and Organizations*, 1996, vol. XXVI, n° 4 Winter, 1996~1997.

_____, "Management et cultures politiques", *Revue française de gestion*, n° 128, mars–avril–mai, 2000, p. 70~75.

_____, "Les malentendus franco–américains: deux conceptions de la société *Problèmes économiques*", n° 2784, 13 novembre, 2002, p. 28~31.

Iribarne Ph. (d'), Henry A., Segal J.–P., Chevrier S. et Globokar T., *Cultures et mondialisation. Gérer par-delà les frontières*, Paris, Le Seuil, 1998.

Iribarne Ph. (d'), *Le Tiers Monde qui réussit*, Paris, Odile Jacob, 2003.

_____, *Penser la diversité du monde*, Paris, Le Seuil, 2008.

_____, *L'Épreuve des différences. L'expérience d'une entreprise mondiale*, Paris, Le Seuil, 2009.

Joly A., Être cadre à l'étranger, in J.-F. Chanlat, *L'Individu dans l'organisation*, ESKA, 1990, p. 467~506.

Kardiner A., *L'Individu et sa société*, Paris, Gallimard, 1971.

Kuper A., *Culture: the Anthropologists' Account*, Harvard University Press, 1999.

Laplantine F., *L'Anthropologie*, Paris, Seghers, 1999, 1987.

Leenhardt M., *Do Kamo, la Personne et le mythe dans le monde mélanésien*, Paris, Gallimard, 1985.

Lévi-Strauss C., *Anthropologie structurale I*, Paris, Plon, 1958.

_____, *Anthropologie structurale II*, Paris, Plon, 1973.

Linton R., *Le Fondement culturel de la personnalité*, Paris, Minuit, 1959.

Malinovski B., *Les Argonautes du Pacifique occidental*, Paris, Gallimard, 1963.

_____, *Une théorie scientifique de la culture*, Paris, Maspero, 1968.

Mead M., *Mœurs et sexualité en Océanie*, Paris, Plon, 1969.

Mendenhall M., Dunbar E. et Oddou G., "Expatriate Selection, Training, and Career-Pathing: a Review and Critique", *Human Resource Management*, 26(3), 1987, p. 331~345.

Mendenhall M. et Oddou G., "The Dimensions of Expatriate Acculturation:

a Review", *Academy of Management Review*, 10(1), 1985, p. 39~47.

Mintzberg H., *Structure et dynamique des organisations*, Paris, Les Éditions d'Organisation, 1982.

_____, *Le Pouvoir dans les organisations* (éd. américaine, 1983), Paris, Les Éditions d'Organisation, 1986.

Ortigues E., "Situations interculturelles ou changements culturels", in F. Tanon et G. Vernies, *L'Individu et ses cultures*, Paris, L'Harmattan, 1993, p. 7~22.

Palmade J., *Les Deux Sources de l'exclusion. Économisme et replis identitaires*, Paris, Karthala, 1993.

Parsons T., *Sociétés. Essai sur leur évolution comparée*, Paris, Dunod, (1re éd., américaine, 1966), 1973.

Peters T. et Waterman R., *Le Prix de l'excellence*, Paris, Interédition, 1983.

Schein E., *Organizational Culture and Leadership*, San Francisco, Jossey-Bass, 1985.

Schneider S. et Barsoux J.-L., *Management interculturel*, Paris, Pearson, 2003.

Schwartz S. H., "A Theory of Cultural Values and some Implications for Work", *Applied Psychology: an International Review*, 48(1), 1999, p. 23~47.

Segal J.-P., "Les pièges du management interculturel", *Revue internationale de gestion*, Montréal, janvier 1991.

_____, "Le management interculturel peut-il plaire à tout le monde Une étude de cas au Québec", in G. Gauthey et D. Xardel (éds.) *Management interculturel: modes et modèles*, Paris, Économica, 1991, p. 151~178.

_____, "Management control, Keiei Kanri, Contrôle de gestion: les techniques de gestion sont-elles importables?", dans *Compétences financières* 2, Paris, CEPP Publications, coll. ≪Les enjeux de l'entreprise≫, 1992.

_____, "Universalité et diversité nationales de la modernisation des bureaucraties: une analyse comparative des métros de Londres et de Paris", *Décentralisation des organisations et problèmes de coordination. Les principaux cadres d'analyse*, Joëlle Affichard (dir.) Paris, L'Harmattan, coll. ≪Logiques sociales≫, 1997.

_____, *Le Monde du travail au cœur du destin commun. Employeurs, syndicats, salariés: dialogues en construction*, Nouvelle-Calédonie, Direction du travail et de l'emploi, 2009a.

_____, Efficaces ensemble. Un défi français, Le Seuil, 2009b.

Sorge A., "La construction sociale de l'innovation et des innovateurs en Allemagne et en Grande-Bretagne", in C. LancianoM. MauriceJ.-J.

Silvestre et H. Nohara (éds.) Les Acteurs de l'innovation et l'entreprise. *France, Europe, Japon, Paris*, L'Harmattan, 1998, p. 125~144.

Tocqueville A. (de) *De la démocratie en Amérique*. t. II, Paris, Gallimard, (1835, éd. originale), 1961.

Trompenaars F., *L'Entreprise multiculturelle*, Paris, Maxima/Laurent du Mesnil, 1994.

Vinsonneau G., *L'Identité culturelle*, Paris, Armand Colin, 2002.

Wagner A.-C., *Les Nouvelles Élites de la mondialisation*, Paris, Puf, 1998.

Weber M., *L'Éthique protestante et l'esprit du capitalisme*, Paris, Plon (tr. fr.), 1964.

Yousfi H., *Poulina, un management tunisien*, Agence française de développement, Notes et Documents, n° 17, 2005.

_____, *Le Contrat dans une coopération internationale. La rencontre des intérêts à l'épreuve de la rencontre des cultures*, Thèse de doctorat Paris-X-Nanterre, 2006.

지은이 실비 슈브리에(Sylvie Chevrier)

프랑스 UPEM(University Paris-Est Marne-la-Vallée)의 경영학부 교수이자 경영학 연구소 부소장이다. 퀘백대학에서 「유럽의 노동 관리에 대한 연구」(1995)로 박사학위를 받았고, 그 후 파리도핀느대학에서 비교문화 경영에 관한 연구를 수행하였다. 그녀의 연구 관심 분야는 상호문화관리 또는 국제 노동과 관련된 분야이며, 여러 나라의 연구자들과 함께 연구를 수행하고 있다.

대표 저서로는 *Gérer des équipes internationales. Tirer parti de la rencontre des cultures*(2012), *Le management des équipes interculturelles*(2000), 대표 논문으로는 "Delegating effectively across cultures"(2013), "Cross-cultural Management in Multinational Project Groups"(2003) 등이 있다.

옮긴이 서영지

서울대학교와 인하대학교에서 프랑스어 및 프랑스 문화 관련 강의를 하고 있다. 서울대학교에서 「고등학교 프랑스어 교육에서의 상호문화접근법 적용 방안 연구」(2016)로 박사학위를 받은 후, 서울대학교 사범대학 연구원, 계명대학교 CORE사업단 연구교수 등을 역임하였다. 연구 관심 분야는 상호문화교육, 상호문화역량, 외국어(프랑스어) 문화교육과 관련된 분야이다.

대표 논문으로는 「외국어교육에서의 학습자의 위상 변화에 관한 연구: 상호문화화자를 향해」(2018), 「Michael Byram의 '문화적 전환'에 관한 연구: 사회문화능력에서 상호문화의사소통능력으로」(2018), 「Beyond Multiculturalism: Interculturalism as an Alternative in Changing South Korea」(2017) 외 다수가 있으며, 대표 저서로는 『알기 쉬운 교실 상호문화교육』(2019년 9월 출판 예정)이 있다.

다문화 사회와 상호문화경영

Le Management Interculturel

©경진출판, 2019

1판 1쇄 인쇄_2019년 08월 20일
1판 1쇄 발행_2019년 08월 30일

지은이_실비 슈브리에(Sylvie Chevrier)
옮긴이_서영지
펴낸이_양정섭

펴낸곳_도서출판 경진
    등록_제2010-000004호
    이메일_mykyungjin@daum.net
    사업장주소_서울특별시 금천구 시흥대로 57길(시흥동) 영광빌딩 203호
    전화_070-7550-7776 팩스_02-806-7282

값 11,200원
ISBN 978-89-5996-296-9 93300

※ 이 책은 본사와 저자의 허락 없이는 내용의 일부 또는 전체의 무단 전재나 복제, 광전자 매체 수록 등을 금합니다.
※ 잘못된 책은 구입처에서 바꾸어 드립니다.
※ 이 도서의 국립중앙도서관 출판예정도서목록(CIP)은 서지정보유통지원시스템 홈페이지(http://seoji.nl.go.kr)와 국가자료공동목록시스템(http://www.nl.go.kr/kolisnet)에서 이용하실 수 있습니다.
   (CIP제어번호: 2019031302)